Les Sessions

Les Jours à venir

Déjà paru :

Enseignements choisis

❖

Les SessionS

L'Âme soeur

❖

RAMTHA

Les Sessions

Les Jours à venir

Traduit de l'anglais par
Diane Déziel

Données de catalogage avant publication (Canada)

Ramtha, the enlightened one (Esprit)

    Les sessions: les jours à venir
    Traduction de: Change, the days to come.

    ISBN 2-920083-60-0

1. Ecrits spirites.   I. Titre.

BF1301.R234715   1992   133.9'3   C92-096005-7

Conception graphique: Duchamp Studio

Illustration de
la couverture: Ron Cardinal

Titre original: *Ramtha Intensive: Change, The Days to Come*
                  edited by Steven Lee Weinberg, Ph. D.,
                  Carol Wright *and* John Clancy

ISBN: 2-920083-60-0

Dépôt légal: 2e trimestre 1992
              Bibliothèque nationale du Québec
              Bibliothèque nationale du Canada

Distribution: Diffusion Raffin
              7870, rue Fleuricourt
              St-Léonard (Québec)
              H1R 2L3

Communiquant par l'entremise de J.Z. Knight qui lui sert de « channel », Ramtha a tenu plus de 300 audiences publiques depuis 1978 afin d'éveiller les « dieux plongés dans le rêve appelé Humanité ». Les audiences tenues avant 1985, appelées *Dialogues,* étaient caractérisées par une série de questions et réponses.

En 1985, Ramtha débuta une série de « *Sessions* » destinées à développer et à approfondir ses enseignements. Chaque volume de cette série présente la transcription d'une session et est complété par des textes choisis de la bibliothèque de Sovereignty.

Note

L'objectif de ce livre est d'informer et d'instruire. L'auteur et les éditeurs ne reconnaissent aucune obligation ou responsabilité face à toute personne qui subirait quelque perte ou dommage résultant, directement ou indirectement, de l'information contenue dans cet ouvrage.

Pour plus d'information

Pour de plus amples informations concernant les enseignements de Ramtha, disponibles sous forme de livres ou d'enregistrements audio et vidéo, veuillez contacter :

Ramtha Dialogues
P.O. Box 1210
Yelm, WA 98597 U.S.A.

L'État du monde en ce moment

L'homme (cherchant l'approbation des membres de l'auditoire): Il n'y a personne à part moi ici qui veut savoir *quand* tout ça va arriver?

L'auditoire: Oui!

Ramtha: Maître, le temps est une illusion. Comprenez-vous cela? *(L'homme acquiesce de la tête.)* Prédire des dates et des échéances exactes tiendrait de la haute spéculation: c'est le concours de plusieurs choses qui apportera un changement déterminé. Il n'est donc pas possible de vous donner une heure exacte; mais je peux vous indiquer avec précision où en est la terre *en ce moment* — l'état de votre économie, le développement des taches solaires, la densité du dioxyde de carbone dans votre atmosphère, le réchauffement de votre planète, les éruptions volcaniques et la pression exercée sur les failles de l'écorce terrestre.

Mais le temps exact ne peut être déterminé. La Nature est à un stade d'explosibilité.

Introduction
de J.Z. Knight

Avant que Ramtha ne donne son enseignement du samedi matin, J.Z. Knight entre dans la salle où un auditoire enthousiaste de plus de 800 personnes applaudit son arrivée. Elle monte sur l'estrade et lui fait face.

J.Z. Knight (répond aux applaudissements retentissants): Merci! *(Regardant avec étonnement la grande salle comble.)* C'est épatant! Merci.

Je ne sais pas comment Ramtha s'y prend! Je viens ici vous parler de la peur et je suis absolument terrifiée.

Pour ceux d'entre vous qui ne sauraient pas qui je suis, je m'appelle J.Z. Knight. Je suis heureuse de vous voir et je vous souhaite à tous la bienvenue à Denver. Je pense que nous n'avons jamais eu autant de participants à une session.

Nous revenons de Tampa où nous avons donné une session le week-end dernier, et c'était *merveilleux*. Les gens ont vraiment été une lumière pour tout l'hôtel. Les responsables de l'hôtel ne voulaient plus nous laisser partir. J'espère que cet hôtel-ci sera béni lui aussi par votre présence.

Les deux prochains jours seront intenses d'énergie. Avant d'introduire Ramtha, je veux vous parler, *en mon nom*, de l'effet que cet enseignement en particulier a sur moi.

Beaucoup de gens ignorent qui je suis ou ce que je suis. Ils voient un joli corps et ils savent qu'une entité merveilleuse passe par ce corps et accomplit des choses extraordinaires. Plusieurs pensent que je suis une vache sacrée *(rires de l'auditoire)* et je... je crois que je dois clarifier tout ça. Ils se font une idée de moi, de mon mari et de ma famille. Ils pensent qu'à la maison nous vivons dans une sorte d'extase, que nous sommes exemptés des choses de la vie — des «messagers», des rêves et des émotions de tous les jours. Je tiens à vous dire que ce n'est pas vrai. Dans notre vie, nous avons eu à comprendre plusieurs choses. Ce que le Ram s'est efforcé d'enseigner depuis huit ans s'est aussi manifesté dans notre quotidien. Nous sommes donc nous aussi engagés dans un processus de croissance et d'évolution.

Vous, vous venez voir le Ram puis vous repartez, vous l'appelez dans le vent ou vous écoutez les cassettes; et vous vous enrichissez de nouvelles expériences. Mais imaginez un instant de l'avoir près de vous *tout le temps*. Vous êtes au supermarché, furieuse, impatiente, vous avez hâte qu'arrive votre tour de passer à la caisse puis d'arriver à la maison pour préparer vos côtelettes de porc, — donc vous jugez plusieurs personnes en chemin et soudain: *il* est là!

Je sais que plusieurs d'entre vous ont passé des moments difficiles. Vous avez parfois l'impression de tenir par un fil et d'être sur le point de tomber dans le vide d'une minute à l'autre. Eh bien nous, nous nous sentons comme ça depuis pas mal de temps déjà, non seulement en ce qui concerne notre évolution — et nos limitations — mais aussi dans notre démarche pour faire connaître cet enseignement au plus grand nombre. En plus de notre évolution personnelle, nous avons donc le Ram et son enseignement qui commencent à être connus à l'échelle internationale.

Beaucoup d'entre vous, peut-être, sont inquiets à cause du sujet de cette session. Nous avons longtemps réfléchi au nom que nous lui donnerions, mais le Ram a dit: «Le nom sera: Les jours à venir.» Comment vous obstiner? Comment lui diriez-vous: «Ça ne va pas fonctionner, Ramtha?» Alors la raison pour laquelle nous avons ce titre, c'est que cette session traitera explicitement de cela. Mais il n'y a pas d'ordre du jour: Ramtha décidera de ce qu'il dira.

Vous savez, le plus souvent l'espèce humaine n'envisage pas le futur d'un œil amusé. Habituellement, elle l'imagine sinistre et menaçant. Nous y avons donc soigneusement pensé parce que nous ne voulions pas que vous veniez à cette session en proie à la peur. Et c'est pourquoi nous avons précisé dans notre annonce : « S.V.P., venez parce que vous désirez *savoir*, ne venez pas parce que vous avez peur de ce que demain vous réserve. »

Quand j'ai pris conscience de Ramtha, je ne savais pas qui était Nostradamus ; je ne connaissais pas Edgar Cayce ni Madame Blavatsky ni plusieurs autres qui ont prophétisé l'avenir. Par mon éducation chrétienne, je connaissais l'Apocalypse de saint Jean ; et j'ai grandi en pensant que la fin du monde était proche. Chaque fois que quelqu'un parlait d'événements à venir, c'était donc quelque chose d'effrayant pour moi.

En évoluant, j'ai réalisé que nous avions été élevés avec l'idée que nous disparaîtrions tous vers la fin de ce siècle. À cause de cela, nous avons vécu bien des frustrations, tentant de justifier notre présence sur terre, de trouver une raison pour laquelle nous devions passer à travers cette vie. J'ai pris conscience peu à peu de tout ce que les maîtres prévoyaient pour ce plan. Ce n'était pas très réjouissant ; et tout le monde semblait d'accord là-dessus. J'ai aussi commencé à réaliser que si vous vouliez attirer l'attention de quelqu'un, tout ce que vous aviez à faire était de dire que les jours à venir seraient épouvantables. C'est pourquoi la peur est la chose qui fait le mieux vendre les journaux ; c'est un best-seller dans les librairies. Nous avons donc été conditionnés à douter et à craindre nos lendemains plutôt qu'à les accueillir avec confiance.

Mais avec Ramtha dans ma vie, j'ai compris quelque chose de très important. Il nous a toujours enseigné que nous étions Dieu et qu'avec notre propre connaissance, nous avions la capacité de changer notre futur. Nous *pouvons* modifier l'instant qui s'en vient en changeant simplement notre attitude. Par cette vérité, il a vraiment inspiré ma famille, parce que nous *vivions* comme si nous avions très peur du lendemain. Il nous a inspiré une attitude de vie qui ferait du lendemain quelque chose de beau et de joyeux, quelque chose qui irait dans la continuité dans nos vies.

Une autre chose importante dont j'ai pris conscience, c'est que vous ne pouvez avoir la connaissance si vous êtes motivés par la peur. La connaissance et la vision futuristes d'une personne inspirée par la peur (et c'est l'attitude la plus répandue) seront toujours morbides parce qu'elles seront à l'image de ce que cette personne ressent. Pour véritablement posséder la connaissance, il faut maîtriser la peur, l'émotion qui nous a tous conduits, tout au long de nos vies, à vivre uniquement pour survivre et qui nous a menés dans les culs-de-sac de nos limitations.

En comprenant cela, j'ai commencé à me fier à la parole de Ramtha. J'ai réalisé que lorsque j'aurais totalement conquis la peur, j'aurais pleine connaissance de mon futur et du futur de ma famille, parce que cette connaissance ne viendrait pas de la peur mais de l'amour.

Maintenant, je n'ai plus peur de mourir parce que j'ai compris que lorsque ma vie sera terminée ici, lorsque mon rêve sera achevé, je continuerai encore et encore parce que je suis un être éternel, comme vous tous. Quand j'ai eu maîtrisé cette compréhension, je n'ai plus eu peur d'apprendre ce que demain nous réservait. Ce que je savais du futur provenait d'un état de connaissance divin à l'intérieur de moi, du Dieu en moi qui pouvait se manifester et être la lumière de mon monde.

Ce que j'ai compris et ce dont je vous parle, je ne l'ai pas appris du jour au lendemain. Ramtha fait partie de ma vie depuis 1977, et il m'a enseigné des vérités très simples qui se sont toutes manifestées. Malgré cela Ramtha, qui était chaque jour avec moi, a mis du temps à briser mes barrières parce que je m'accrochais à mon identité limitée. Mais j'en ai franchi plusieurs et j'arrive de l'autre côté.

Ces jours dont parle Ramtha sont très proches pour nous tous. Il faudra que chacun de nous, par une *intelligence individuelle*, en prenne conscience et maîtrise ses peurs et ses limitations afin que nous devenions tous des lumières pour le monde. Être une lumière ne signifie pas d'aller prêcher aux foules. Cela veut dire être ce que vous êtes, en pleine possession de vous-même, et vivre cette vérité de l'intérieur vers l'extérieur. C'est le procédé du devenir. C'est démontrer que nous avons le pouvoir *de changer*.

Si nous n'avions pas la capacité de changer, le libre arbitre n'existerait pas. Mais le libre arbitre est la seule loi de Dieu qui est en nous tous. Si je vous parle ainsi, c'est parce qu'il y a des gens qui utiliseront mal l'enseignement de cette session. Ils ne compléteront pas les phrases qui disent à la fin : « ...mais vous *pouvez* changer cela ! » Ils vont se servir des prophéties et dire aux autres : « Devinez quoi ? Vous allez y goûter ! » Mais *tout* peut être changé ; c'est la beauté du Dieu en nous. Quelle que soit la situation que nous avons créée, il nous est possible de la renverser.

Je sais que c'est efficace parce que j'ai passé par plusieurs changements avec Ramtha. J'ai souvent été ridiculisée. Beaucoup de personnes ont écrit pour me dire qu'elles n'aimaient pas ce que je faisais. Elles n'aiment pas ce qu'enseigne Ramtha et elles se défoulent sur moi. *Maintenant* je vais bien, mais ce n'était pas le cas au début ; j'étais très sensible à l'attitude de chacun. J'étais insécure et je voulais que *tout le monde* m'aime. Vous savez ce que c'est ? Vous pouvez recevoir un millier de lettres disant que « c'est merveilleux » et puis vous en recevez *une* qui dit : « Fichez-nous la paix ! » Si vous êtes insécure, cette seule lettre réussira à vous anéantir et vous voudrez rejeter tout ce qui est bon avec ce qui ne l'est pas.

Il m'a fallu apprendre ce qu'étaient la vérité et la lumière *pour moi*. Si j'avais vécu selon les attentes de chacun, je n'aurais jamais pu faire ce que j'ai fait et je serais aussi mêlée que je l'étais avant que le Ram n'entre dans ma vie. J'ai donc appris à convertir le désir que j'avais de vous plaire à tous en désir de vivre ma propre lumière, ma propre vérité et d'être souveraine. Si je n'avais pas fait cela, j'aurais été hypocrite envers la vérité que le Ram enseigne et aussi envers vous tous. M'éveiller afin de passer de l'autre côté de ce rêve est devenu une vision et un désir personnels.

Plusieurs, particulièrement ces temps-ci, critiquent Ramtha et *cette* session. La critique ne vient ni de l'Église ni de notre gouvernement ni de mes voisins. Elle vient de professeurs de métaphysique. Je vous en parle parce que vous allez recevoir beaucoup de « messagers » à ce sujet ; ils attendront votre retour à la maison.

Le Ram a été très critiqué parce qu'il tient cette session. Mais il est loyal et souverain. Il ne déroge pas à la vérité qui dit que nous sommes Dieu, que nous créons notre propre réalité et que, par conséquent, nous pouvons *changer* cette réalité. Il ne nous tranquillise pas en disant: «Vous êtes Dieu, donc vous n'avez rien à faire.» Il ne nous dit pas ce que nous *voulons* entendre mais ce que nous *avons besoin* d'entendre. À cause de cela, il est pour ainsi dire seul. Il nous offre la vérité de notre divinité et cette révélation fait son chemin. Et il n'a jamais dévié de cette simple vérité.

Certains étaient horrifiés à la pensée que Ramtha tiendrait une session à propos des jours à venir. Ces gens ne sont pas assez courageux pour dire ce qu'ils savent et ensuite vous permettre de comprendre par vous-même. Le Ram le peut parce qu'il vous aime. Je le sais parce qu'il m'aime, et j'ai vu les effets de cet amour sur ma famille et sur beaucoup d'autres. Son amour ne pose pas de conditions. Il vous aime sans rien attendre en retour, pas même votre amour. Il a toujours agi ainsi dans ma vie. Il m'a dit des choses que je ne voulais pas entendre, des choses qui me rendaient furieuse, et je lui répondais: «Sortez d'ici! La porte est là!» (Même s'il ne passe jamais par la porte.) Un temps, je ne lui parlais plus, pendant six mois, parce qu'il avait touché plusieurs points sensibles en moi. Autant je n'aimais pas ce qu'il me disait, je savais quand même que c'était la vérité; et autant je ne voulais pas *l'aimer*, je l'ai respecté et aimé assez pour le laisser me secouer, me faire voir ce que je faisais et qui j'étais. Et huit ans plus tard, je commence à récolter les fruits de ces efforts.

Cette session et les suivantes fonctionnent par séquences et je veux vous expliquer leur raison d'être. Cette année en est une de préparation. C'est l'année de la connaissance et de la décision, décision qui doit nous mener d'un endroit médiocre, inconfortable et sans espoir jusqu'aux portes de notre propre sagesse et de notre propre connaissance, jusqu'au contrôle de notre avenir. Cela vous donnera la sagesse de trancher dans le vif, pour ainsi dire, de couper tous les «mais... mais... mais» et les «je ne peux pas... je ne peux pas...», d'aller au cœur même de la vérité; et d'en faire ce que vous voulez. Et quel sera le résultat final? Ceux qui auront ressenti, contemplé et embrassé sauront qu'ils ont à nouveau le contrôle de leur vie.

1986 ressemble à un «*blitz* Ramtha». Effectuer une tournée du pays demande beaucoup d'efforts, mais ça en vaut la peine parce que vous avez besoin de savoir ce qui s'en vient. Vous n'avez pas besoin d'en avoir peur, mais vous devez être au courant. À partir de cette connaissance vous pourrez *posséder* les jours à venir, vous pourrez prendre soin de vous et du dieu qui est en vous.

Il est possible que ce genre de *blitz* ne se reproduise jamais. J'ai demandé à Ramtha: «Comment allez-vous savoir quand votre enseignement sera terminé sur ce plan?» Il a répondu: «Ce sera terminé quand je reviendrai vers vous, mes frères, et que vous saurez que nous sommes égaux dans cette intelligence; quand je n'aurai plus à dire un mot parce que vous saurez déjà tout; quand vous n'aurez plus de questions, de doutes, de jugements, ces choses assommantes qui vous retiennent ici.»

J'ai demandé à Ramtha: «Allez-vous simplement nous quitter à ce moment-là?» Il a répondu non, il a dit qu'il serait près de nous durant tous ces événements. C'était réconfortant.

Ce que Ramtha accomplit avec nous tous, y compris moi et ma famille, il le réalise par amour du Dieu en nous. Il le fait pour nous amener à la conscience du christ. Quand cela se sera produit, ce pourquoi il est venu ici sera accompli.

Regardez-vous, vous tous dans cette salle. Qu'arriverait-il si vous vous allumiez tous? Si vous embrassiez tous votre propre christ? Pouvez-vous imaginer ce qui se produirait si vous étiez tous des maîtres en possession de votre propre destin? Si vous aviez un amour absolu pour tous les gens de la terre, Russes ou Libyens, votre président ou votre voisin peu importe? Si vous pouviez aimer tout le monde inconditionnellement, ce *serait* «la seconde venue du Christ»! Ce serait le royaume nouveau, ici sur terre, — parce que cette conscience l'alimenterait.

Ramtha n'est pas ici pour lever une armée. Il n'est pas venu ici pour se faire des disciples. Il n'a jamais désiré cela. Les personnes qui pensent autrement ne reviennent pas. Elles ne peuvent pas revenir à ces réunions parce qu'elles n'y étaient pas venues pour ce qu'elles *avaient besoin* d'apprendre.

Ramtha n'est pas ici parmi ses fidèles. Il est un dieu parmi d'autres dieux, nous apportant et nous faisant toucher du doigt cette vérité que nous étions si impatients de connaître. Nous nous sommes défilés devant notre devenir. «Eh bien pas moi! Ça fait sept millions et demi d'années que je travaille ce léger blocage.» Nous ne voulons pas travailler à notre devenir parce que nous nous sommes trouvé des excuses confortables.

Beaucoup d'entre vous s'accrochent à leur peur parce que c'est stimulant. Vous y tenez parce que cela vous donne une bonne histoire à raconter, parce que c'est votre béquille. Mais tant et aussi longtemps que vous vous appuierez sur ce qui vous emprisonne et vous limite, vous ne deviendrez pas cette magnifique entité que vous êtes.

J'espère sincèrement que vous allez regarder en vous-même afin de savoir pourquoi vous êtes venus ici. Quelle *est* votre motivation? Définissez-la. Formulez-la. Vous savez: «Je suis venu parce que j'ai peur»; ou «Je suis venu parce que je ne sais pas ce qui va arriver»; ou «Quelqu'un m'a dit de venir, sinon je mourrais». Quand vous saurez ce que vous êtes venus entendre ici, vous pourrez être à la hauteur de votre motivation. Quelle qu'elle soit, *admettez* cette motivation. Soyez vrais envers vous-même. Quand vous aurez admis cette vérité, vous en serez libérés; vous en posséderez la sagesse. Alors vous serez capables d'entendre et d'assimiler ce que le Ram vous enseignera. Vous vous serez donné l'occasion d'ouvrir votre *propre* connaissance intérieure — vos *émotions*, votre voix intérieure —; et c'est elle qui vous conduira au cours de cette vie jusqu'à l'autre côté du rêve.

Ramtha n'est pas ici pour vous «accabler». Il est ici pour vous parler — comme il l'a toujours fait, en termes simples, scientifiques et explicites — d'une connaissance qui vous permet de réfléchir par vous-même. Il vous parlera de l'ombre que *nous* avons projetée sur les jours à venir et créée par nos propres attitudes. Quand vous entendez des prédictions sinistres, vous dites: «J'avais bien *peur* que ce soit ça!» Mais chaque fois que vous réagissez en proie à la peur, vous ajoutez à la sombre pré-diction au lieu d'aider à l'améliorer ou à la changer.

Ramtha nous parlera des jours qui viennent, mais il faut vous rappeler une chose importante : comme nous avons créé les ombres qui survolent actuellement notre plan, nous pouvons aussi les *changer*. Et cela ne prend *qu'un instant*. Quand vous aurez maîtrisé la peur complètement, vous pourrez changer *toute* votre vie.

Ramtha dit qu'il suffit d'un christ, d'une entité devenue le seigneur-dieu de son être, pour éclairer le monde *entier*. Quand j'étais enfant, j'imaginais Jésus qui se promenait en «brillant». C'était ma réalité, ma vérité. Mais j'ai réalisé qu'«être une lumière» ne signifie pas être une enseigne lumineuse qui dit : «Regardez-moi! Je suis un christ!» Ce n'est pas même *dire* : «Je suis un christ.» Un christ est un individu qui a maîtrisé toutes ses limitations, a embrassé le dieu qui est en lui, qui est lui-même Dieu en tant que dieu-homme, Dieu en tant que christ vivant. Son *attitude* peut soulever le monde entier, la conscience sociale entière. Elle nous permet de voir la vérité de Dieu dans une autre entité vivante.

D'énormes sommes d'énergie, d'amour et de compréhen-sion accompagnent ce savoir. Ramtha ne fait pas que planter la connaissance dans votre tête ; il rejoint «le christ intérieur» avec la simplicité de sa vérité, et le christ lui répond. C'est le christ en nous qui nous amène à un état de connaissance. Je le sais ; j'ai épousé ce concept, ma famille aussi. Nous trouvons de la joie dans notre vie, là où nous sommes, en dépit des gens qui n'aiment pas ce que je fais ou ce que fait Ramtha. J'ai appris à les aimer et à les laisser faire, parce que «aimer» et «permettre» sont les plus grandes vérités.

Je tenais à partager cela avec vous tous et je voulais que vous vous demandiez *pourquoi* vous êtes venus ici, quelle est la motivation ou l'émotion qui vous ont conduits. Acceptez-les. Si vous le faites, tout ce qui sera dit durant ces deux jours aura sur vous un impact énorme ; et vous apprendrez, vous apprendrez comment savoir.

J'apprécie le courage que vous avez eu de venir ici, et je vous aime tous, vous qui nous avez soutenus et qui nous avez écrit. Je n'ai rien rejeté. J'apprécie vos bons sentiments et vos vérités; j'apprécie votre soutien.

Je vous aime tous. Je désire que cette session vous permette de trouver un peu de liberté et de lumière dans votre vie; et de savoir que vous n'avez pas besoin que quelqu'un d'autre vous dise quoi faire: vous savez *déjà* quoi faire.

Merci encore d'être venus. Je vais m'absenter quelques minutes et me préparer à «prêter» mon corps à Ramtha. Je ne sais pas quand je vous reverrai, mais j'espère vous revoir un jour.

Rappelez-vous simplement ceci: vous êtes *aimés*, incroyablement aimés, et cet amour vous permet d'être souverains.

Donc, de la part de mon mari, de ma famille à la maison, de moi-même et de tous les gens à *Ramtha Dialogues*, que le dieu qui est en vous vous bénisse et vous garde pour toujours *(soufflant un baiser)*. Qu'il en soit ainsi. *(L'auditoire applaudit et J.Z. quitte l'estrade.)*

Samedi, 17 mai 1986
Session du matin

Ramtha entre dans la salle vêtu d'une tunique blanche et d'un pantalon blanc. Après être monté sur l'estrade et avoir scruté l'auditoire, il commence la session.

Ramtha: En effet!

L'auditoire: En effet!

Ramtha: Vous, de cette auguste assemblée, êtes ce que l'on appelle mes frères bien-aimés. Je suis, dans cette extraordinaire illusion, celui que l'on nomme Ramtha l'Illuminé. Je vous salue! Qu'il en soit ainsi.

Savez-vous ce que veut dire «en effet»? C'est un mot ancien, un mot merveilleux, et c'est un mot de *pouvoir*. C'est la pureté d'un principe divin qui se manifeste dans la parole. Il veut dire «en action», «en mouvement», «en pouvoir», «en réalité». Je vous accueille donc «en pouvoir et en action», ce qui en amour ancien signifie «en effet». Et vous me répondez «en effet, en effet, en effet». C'est merveilleux, mais il est préférable de *comprendre* le sens de ce mot dans votre langage. Maintenant que vous le savez, quand l'aide viendra à manquer, vous pourrez toujours la susciter dans vos vies.

(Prend un verre d'eau citronnée sur une table.) Connaissez-vous ce qui est appelé «l'eau amère»? C'est un merveilleux élixir. Dans sa simplicité, il équilibre l'électrum du corps qui s'équilibre à son tour avec l'esprit. Donc, durant les moments que nous passerons ensemble, vous allez boire *beaucoup* d'eau amère. *(Toast.)* À la Vie!

L'auditoire: À la Vie!

Ramtha: La vie est l'unique réalité, la seule chose constante et perpétuelle. Il en sera ainsi pour l'éternité.

Saviez-vous que votre visage n'est qu'un masque? Mais par le dieu de votre être, la lumière de votre être qui alimente la masse de votre corps physique, tout est révélé. Les yeux, le nez, les lèvres, les cheveux: tout cela est merveilleux mais trompeur. La vérité d'une entité est ce qui *l'illumine*. Par cette lumière, tout est révélé, connu et compris.

Qui *je* suis est sans importance. L'important est d'apprendre qui *vous* êtes. Il n'est pas important de savoir à quoi je ressemble ou si je suis ou non une réalité! Ce qui *importe*, c'est d'apporter une plus grande compréhension qui vous permettra, par la connaissance et le courage, de voir votre propre dieu. Ainsi, ce qui sera révélé aujourd'hui — et qui vous accompagnera lorsque vous quitterez cette audience —, sera le reflet de ce que vous êtes. Pour cela, réjouissez-vous!

(Lève son verre pour porter un toast.) À *vous*, entités des plus *merveilleuses*, car vos vies changeront à coup sûr avant la fin de cette session. *(Il boit.)* Qu'il en soit ainsi.

L'auditoire: Qu'il en soit ainsi.

Ramtha: Donc, vous voulez «savoir», n'est-ce pas? Si quelqu'un ici *ne veut pas* savoir, qu'il quitte cette salle à l'instant. *(Il attend, mais personne ne se lève.)* Eh bien, vous êtes courageux!

J'ai écouté ma fille bien-aimée qui a tenu à vous adresser «personnellement» la parole. Il y a beaucoup de vérité dans ce que l'entité dit, mais sachez que c'est une vérité seulement si vous *devenez* vous-même ce principe.

Parlons maintenant du futur, des *jours à venir*. La grande majorité est très occupée à retourner en arrière et à scruter un sombre et lointain passé. Vous cherchez des vies antérieures, des jours antérieurs. Exact? Mais où cela vous mène-t-il? Qu'est-ce que cela vous révèle à propos de vos *jours à venir*? Pas grand-chose. Peut-être cherchez-vous la confirmation d'avoir déjà vécu pour avoir l'assurance que vous vivrez encore. Mais vous ne trouvez pas toujours l'effet que vous recherchiez. Car même en croyant vraiment avoir déjà vécu, vous avez toujours terriblement peur de ne pas revivre encore. Comprenez-vous?

Vous scrutez votre passé en quête de votre identité, mais vous ne la trouverez pas de cette façon, car ce que vous avez été antérieurement est bien mince comparé à ce que vous êtes *maintenant*. Et tout le temps que vous passez à regarder en arrière, vous vous privez de vos «maintenant». Vos «maintenant» filent et vous êtes perdus dans l'obscurité d'hier, dans une vie incertaine où vous deviez ramper sur la place publique pour survivre, — douteux plaisir dont l'humanité *se délecte* depuis sept millions et demi d'années!

Ce n'est pas en regardant le passé que vous reconnaîtrez le futur quand il deviendra votre présent. Comment embrasserez-vous ce qui vient devant si votre tête est tournée vers l'arrière? Vous ne pourrez pas. Vous mourrez dans les pages du livre d'hier. Vous mourrez, entités insignifiantes, fragiles, insécures, et vous chercherez une autre vie, attendrez une autre occasion d'évoluer et de devenir grandioses et uniques.

Connaissez-vous le mot «évoluer»? *Personne* n'évolue en retournant sur ses pas. Si vous vous tournez vers hier, vous n'évoluez pas, vous stagnez; vous ne faites que répéter une bien triste histoire. Comprenez-vous?

L'auditoire: Oui.

Ramtha: Comprendre aujourd'hui n'est pas comprendre hier; c'est être attentif aux émotions *du moment*. Et cette vigilance est propre à chacun d'entre vous, car la connaissance de ce qui *vous* arrive n'est révélée qu'à *vous*.

Vous tous ici, même ceux qui regardent en arrière, créez l'horreur ou la splendeur de demain par vos attitudes et vos processus de pensée, à chaque instant de votre «maintenant». Donc si vous passez votre «maintenant» à contempler une vie passée des plus tragiques, vous re-vivez et re-créez cette tragédie, *en émotion*; et cette émotion se manifestera et deviendra votre lendemain. Comprenez-vous? Le passé est fini; la Vie est *maintenant*.

J'aimerais que vous compreniez dès le début que ce que vous pensez et ressentez à chaque instant a un impact sur le monde entier; ce que vous pensez et abritez en vous émotionnellement se manifeste extérieurement. L'attitude crée le destin de l'humanité. Votre futur est, en partie, le résultat de l'attitude collective de toutes les entités. Et comme ici les dieux sont prisonniers de la mesquinerie de leurs attitudes limitées, ces attitudes — vos attitudes — ont jeté une ombre terrible sur ce plan. Votre plan est maintenant engagé dans la crise qui est la manifestation de ces attitudes.

Certes, vous avez *déjà* vécu; mais que vous ayez vécu noblement ou outrageusement est sans importance. *Ce qui importe*, c'est ce que vous êtes et qui vous êtes en *cet* instant de votre vie. Je suis ici pour vous aider à faire de la place en vous pour une *nouvelle* connaissance et une nouvelle compréhension qui vous permettront de prendre des décisions à partir de *cette* vie, à partir de *ce* merveilleux instant. Compris?

L'auditoire: Compris.

Ramtha: Qu'il en soit ainsi!

Savez-vous ce qu'est la Nature? Avez-vous entendu parler de cette grande dame appelée «Mère Nature»? La Nature, c'est le merveilleux continuum de la naissance, qui est appelé Éternité. C'est, sans contredit, la plus réelle de toutes les réalités, et elle aura, en effet, un impact profond sur tous ceux qui sont réunis dans cette salle. Parce que sans la plate-forme de la Nature sur laquelle vous vivez vos illusions, il n'y *aurait pas* de futur.

Certains ont spiritualisé la Nature, d'autres l'ont scientifiquement rationalisée. Les uns et les autres ont également raison. La Nature est Dieu, ou Pensée, s'accomplissant sous toutes ses formes. La Pensée est la plus élevée de ces formes parce que la base de toute vie est Pensée. La Pensée est Dieu, «Celui qui est»; c'est l'espace qui renferme et soutient tous vos systèmes solaires.

Qu'est-ce que vous croyez qu'est l'espace? Rien? Mais qu'est-ce qui tient la terre en l'air à votre avis? Atlas? Qu'est-ce qui tient votre soleil en l'air? Qu'est-ce qui multiplie les étoiles? Qu'est-ce qui permet à l'éternité d'être l'éternité? C'est l'espace, appelé «Celui qui est».

Je veux que vous «sachiez», — pas par la spéculation ou par quelque philosophie spirituelle, mais par une science profonde, par un «état d'être». Je désire que vous ayez quelque chose sur quoi vous puissiez compter, et par quoi vous puissiez aisément affirmer votre destinée.

Comment croyez-vous que le soleil est né? Avec le big bang? C'est ce que pensent vos savants, parce que la science ne peut aller au-delà de l'infini de ce qui est appelé le «particum Z». Avez-vous entendu parler du particum Z? *(Il observe la vague de visages stupéfaits.)* Eh bien, je viens de perdre la moitié de mon auditoire!

La dernière lettre de l'alphabet de votre langage courant est Z, exact? *(Des membres de l'auditoire font un signe de tête affirmatif.)* Alors, nous progressons! Le «particum Z» est le terme employé pour désigner la dernière et la plus importante des particules connues, créées au moment du big bang. Vos hommes de science et vos physiciens ignorent ce qui existe *au-delà* du Z parce qu'ils ne peuvent aller, à proprement parler, que de A à Z! Ils ne peuvent pas aller plus loin. Ils tentent d'acquérir une connaissance mais ils sont prisonniers d'un alphabet limité! Mais ce qu'on appelle le particum Z, c'est la réduction de la lumière dans une intensité plus basse.

L'univers, le soleil, la terre ne furent pas créés à partir d'une explosion. Ils naquirent de l'Espace, de la Connaissance, de ce que l'on appelle la Pensée, de «Celui qui est» *éternellement*.

Au début, avant qu'il y ait un début, il y avait la Pensée. Puis la Pensée, en se contemplant, entra en elle-même et une réalisation se fit. Cette réalisation devint Lumière. La Lumière est née de la Pensée se contemplant elle-même. La Lumière est le second principe de la Pensée.

Cette lumière-là *(pointant les chandeliers)* est un bien pauvre exemple de Lumière. Elle est composée d'un electrum de plus faible intensité. La plus grande lumière dépasse votre vision tri-dimensionnelle.

La Lumière née de la Pensée se contemplant elle-même devint Mouvement dans votre univers. Ce mouvement se solidifia à sa naissance et la Lumière s'éparpilla dans l'Espace, sur la toile de fond de l'éternité. Ce fut, en quelque sorte, la première *aventure* de la Connaissance. C'est de cette Lumière que sont nés tous les dieux.

Saviez-vous que le continuum de la Lumière est constitué de particules de lumière? La Lumière est la manifestation tangible de l'énergie provoquée par la *vibration* de la Pensée.

Donc, de cette lumière *originelle* naquirent les dieux. Et qui étaient-ils? *Vous*, de même que toutes les entités visibles et invisibles qui ont jamais vécu la divinité de leur âme. Les dieux sont les plus grandes lumières. C'est de leur lumière que jaillit la créativité. Seule une force dynamique comme la vôtre, particules de lumière contemplant et créant comme le fit «Celui qui est», peut créer une lumière plus basse. Et dans cette forme réduite de lumière se trouve le particum Z.

La création vient du particum Z qui, divisé en particums X et Y, engendra la *combustion* et les masses gazeuses appelées soleils. Dans une explosion d'énergie spectaculaire, les soleils donnèrent naissance aux planètes. Les planètes, grâce à la fission explosive, tournèrent dans une orbite qui s'éloignait des soleils et se refroidirent graduellement. Plus elles tournaient et se refroidissaient, plus elles se creusaient de l'intérieur par la force centrifuge qui poussait tout ce qui se trouvait en leur centre vers l'extérieur. Seulement lorsque votre planète se fut creusée à l'intérieur et refroidie en surface, les dieux commencèrent à y installer leur demeure et à créer, à l'état d'embryon, *toute* masse cellulaire. *Vous* avez fait tout cela.

C'était, maîtres, une sorte de résumé de l'éternité; voilà!

Vos savants parlent de «big bang» simplement parce qu'ils ignorent ce qui s'est produit *avant*. Les dieux étaient là en premier. C'est d'eux que les éléments créateurs émanent et il en sera toujours ainsi.

À partir de quoi les dieux ont-ils créé? De «Celui qui est», de la Pensée, bien sûr. La Pensée est la Vie éternelle. La Pensée, dans sa plus simple forme, est appelée *matière brute*. La matière brute est composée d'atomes. Chaque atome contient une infinité de particules. Me suivez-vous? Cela s'appelle l'Esprit *Infini*.

Ainsi donc, «Celui qui est» se contempla, entra en lui-même; et la vie existe depuis. Et la vie existera, *pour toujours et à jamais*.

Le temps n'a pas de commencement. Le temps ne devint une réalité que lorsque l'homme créa et se mit à vivre suivant la notion du temps. Le temps est une des plus grandes illusions parce qu'il gouverne vos vies, — même s'il n'existe pas dans «Celui qui est».

Parlons maintenant de la Nature. Aucun homme ne pourra jamais détruire, supprimer ou altérer la Nature. C'est Dieu, ou la Vie, *en évolution*. Quand la Pensée s'est contemplée elle-même, l'évolution et la connaissance sont nées. Et ce cycle inéluctable continuera pour l'éternité, *malgré* vous.

Mère Nature évolue. C'est Mère Nature qui donne naissance aux planètes. C'est Elle qui, à travers la photosynthèse de la vie végétale, fait en sorte que vos rêves deviennent réalité sur ce plan. La Nature — la terre, le soleil, la beauté de la lune enchanteresse, les étoiles éternelles, le vent sur l'eau, les saisons — *est* la réalité. La Nature est la loi immuable de Dieu dans son aventure intérieure. L'homme ne peut pas la modifier. Et si vous tentez de combattre la Nature, toujours elle vaincra, — indépendamment de ce que vous faites.

Votre soleil a beaucoup d'importance pour vous. Vous n'en connaissez aucun autre, n'est-ce pas? Saviez-vous que dans cette Voie que vous dites «lactée», il y a une infinité de soleils? Mais vous n'avez besoin de vous préoccuper que de votre soleil parce que ses possibilités sont *infinies*. S'il ne se levait pas demain matin, vous seriez dans de beaux draps! Votre soleil est une jeune fille qui ne vieillira jamais; il est dans un cycle de vie ininterrompu qui continuera quand votre souvenir aura disparu de ce plan.

(Il s'arrête pour regarder des fleurs.) Ne sont-elles pas superbes? Elles sont vraiment la Nature! Et sans le soleil, ces petites beautés ne pourraient pas se dresser ici avec tant d'arrogance.

Le soleil est, dans son essence, la Pensée se réfléchissant en elle-même; c'est ce qui crée la lumière. Celle-ci crée la fission qui crée le feu, l'énergie génératrice à l'état brut. Les vents qui soufflent autour de la grandiose lumière du soleil sont appelés vents du système solaire. Ils sont divins; ils transportent des particules de lumière jusqu'à votre terre et jusqu'aux planètes les plus reculées de votre système solaire.

Le soleil a une influence profonde sur vous et sur votre terre. *Votre équilibre est précaire* en ce qui le concerne même si peu d'entre vous le réalisent. Les particules de lumière et les vents solaires contrôlent votre température. Si le soleil reste intact et dans un équilibre harmonieux, votre température demeurera également harmonieusement équilibrée.

Le soleil diffuse une radiation qui se reflète sur la surface de votre terre. La chaleur vient de la friction des particules dans l'atmosphère. C'est pourquoi vous avez chaud quand vous sortez par un jour ensoleillé. Ce n'est pas la *lumière* du soleil qui vous réchauffe, c'est la *friction*. Les nuages conservent *l'équilibre* entre les vents solaires et la friction des particules de lumière qui atteignent la terre. Les nuages transportent de la vapeur depuis les océans, ils la purifient et ils vous approvisionnent en eau.

Avez-vous déjà entendu parler de «taches solaires»? Savez-vous ce que c'est? C'est l'explosion de la Pensée. Voilà pourquoi elles sont si noires et ressemblent à des trous sans fond. Dans ces taches, la Pensée explose et crée la fission des particums X, Y et Z.

Durant cette éruption de la «Pensée se transformant en matière», les vents solaires sévissent comme des ouragans. Chaque fois qu'une de ces éruptions, qui a des répercussions sur des *millions* de milles dans l'univers, se produit, vous assistez à une explosion nouvelle d'énergie de la Pensée, vous assistez à la *création*! La noirceur, le trou, c'est la «Pensée qui s'accomplit elle-même». Vous cherchez à trouver là des mécanismes et des raisons complexes, mais c'est tellement simple! C'est simplement votre soleil en évolution, en devenir. Chaque fois qu'une tache s'y forme, il évolue de plus en plus.

Votre soleil commence à se couvrir de taches; il est sur le point d'avoir une indigestion. Et ces taches, ces éruptions vont vous affecter de près, précaires entités de chair et de sang. Vos conditions atmosphériques se font déjà le reflet de la Pensée qui se manifeste par une énorme tache solaire. Déjà, vos températures sont erratiques et imprévisibles. Il vous suffit *d'observer* pour savoir que des changements s'amorcent dans la nature: ils font partie d'un cycle *naturel* d'évolution qui se fait *en harmonie* avec votre plan terrestre.

Dans les années qui viennent, une *énorme* tache apparaîtra sur votre soleil qui s'ornera de spectres comme vos scientifiques n'en ont jamais vus. C'est un cycle dans la vie du soleil. Cette tache entraînera des changements drastiques de température qui vous affecteront énormément, vous qui n'y êtes *pas préparés*.

Vous devez savoir ceci de la Nature et de ses cycles de changements: Le changement est l'é-vo-lu-tion, l'expansion et la maturation de la Vie à chaque instant de son expression. Et à chaque nouvel instant de son expansion, la Vie devient de plus en plus belle. Changer, c'est progresser dans le présent vers ce que l'on appelle demain. Le changement est toujours significatif et il est continuel. Il est la démonstration de l'éternité et il se produira encore et encore, car il est Dieu en sa loi immuable appelée Nature.

Votre soleil ne forme pas des taches par réaction contre vous. Il n'est pas en colère ou fâché contre vous. Il ne vous défie pas en disant: «Regardez bien ça!» Il est simplement dans un cycle *naturel* d'expansion. Il *évolue*; et votre planète va réagir en conséquence à ce processus d'évolution.

Chaque fois que votre soleil a été la scène de ces éruptions qui sont accompagnées de vents solaires, vous avez eu une sécheresse; exact? Eh bien, votre plan connaîtra bientôt une sécheresse. Le *sol assoiffé* sera privé de la nourriture qui permet à la semence de devenir la merveilleuse et blonde tige de blé mûr.

Votre pays est reconnu comme un sauveur pour avoir nourri bien des gens dans le monde, n'est-ce pas? Il a connu une telle abondance que plusieurs fermiers ont déserté leur terre. Avant l'apparition des taches solaires, vous connaissez toujours un équilibre parfait. C'est pourquoi en certaines régions de votre terre, les récoltes n'ont jamais été aussi abondantes. C'est la Nature qui vous fournit le surplus dont vous aurez besoin pour traverser la disette qui s'en vient. Comprenez-vous?

L'auditoire: Oui.

Ramtha: Vous savez comme c'est facile pour vous quand vient l'heure du souper? Vous sautez dans la voiture et vous allez chercher des choses à manger. (Je n'ai jamais rien vu de pareil! Nous devions faire halte pendant plusieurs jours pour préparer un repas décent!) Vous ne vous demandez jamais d'où vient cette nourriture, parce que vous pouvez toujours courir au marché et tâter le pain toujours frais! frais! frais! Vous ne pensez pas à la Nature. Vous ne réalisez ni n'appréciez cette fondamentale et magnifique réalité. Vous êtes prisonniers des commodités que vous avez créées et vos muscles se sont ramollis. Vous êtes devenus des entités paresseuses qui ne seront *pas préparées*. Vous vous êtes emmêlés dans vos propres illusions, vos problèmes personnels et vous vous occupez à des choses *futiles*. Vous ignorez ce qui se passe sous vos pieds et dans vos cieux. Vous êtes des gens limités parce que votre vision s'est énormément rétrécie.

Vous vivrez bientôt en terre assiégée parce qu'il n'y aura plus d'eau. Votre «panier à pain» va se vider. Votre abondance aura une fin rapide étant donné que vous nourrissez le reste du monde. Est-ce que vous comprenez?

La Nature, processus évolutif, est en harmonie avec *tout* excepté vous; vous que l'idée de vivre de la terre terrifie, qui vous êtes habitués à vos super-super-super supermarchés pour satisfaire vos moindres besoins.

(Prend quelques gorgées d'eau et lève son verre.) Aussi bien boire! *(Toast.)* À l'eau éternelle!

L'auditoire: À l'eau éternelle!

Ramtha: Maîtres, pour que vous sachiez que je dis la vérité, sortez de vos petites boîtes et allez faire des recherches à la bibliothèque. Parlez à vos scientifiques. Demandez-leur quand eut lieu la dernière sécheresse causée par le soleil? Faites-le! Vous comprendrez alors que cette connaissance en a maintenant rejoint beaucoup qui tentent aussi de vous la communiquer.

Maintenant, comprenez ceci: le moment de la sécheresse peut être reporté; il arrivera peut-être plus tard, mais il viendra! Il est pratiquement déjà là. Il n'y a pas de quoi se fâcher; c'est simplement la Nature qui est en évolution. Mais vous devriez, maîtres, faire vos vieux comptes et voir à quel point vous êtes en harmonie avec la Nature. Si vous êtes en harmonie avec elle, vous comprenez ses cycles, vous embrassez cette connaissance et vous êtes prêts; si ce n'est pas votre cas, vous allez vous affoler et vous demander pourquoi Dieu vous inflige ce fléau (réaction naturelle chez vous qui blâmez toujours tout le monde sauf vous). Eh bien, vous pourrez vous démener et pleurer tant que vous voudrez, cela ne vous aidera en rien.

Donc, que ferez-vous à propos de cette sécheresse? Ce que vous faites *maintenant*, vous le faites en rapport avec la sécheresse.

Cette sécheresse n'est qu'une *infime* partie de tout ce que vous réservent les jours à venir. Il n'a pas encore été question de *vos* créations et de leurs effets sur vos jours à venir. Nous parlons d'abord de la Nature parce que sans Elle, vous n'aurez pas de jours à venir! Comprenez-vous?

L'auditoire: Oui.

Ramtha: Vous vous êtes mis en quête d'inspiration «divine». Vous avez couru voir des maîtres, avez brûlé de l'encens et psalmodié; vous avez consulté une multitude de guides, vous avez décortiqué vos rêves et vos visions, vous avez lu les feuilles dans les tasses de thé. Vous avez posé à ceux qui se prétendent «sages» toutes vos petites questions: «À propos de mes amours? Qu'adviendra-t-il de ma carrière? Pouvez-vous faire en sorte qu'un tel change d'idée à mon sujet?» Et ils se font un plaisir de vous répondre; vous n'avez qu'à demander. Et si vous demandez à dix mille personnes, vous aurez dix mille réponses *différentes*!

Vous avez cherché *la* Vérité. Vous avez lu les gros titres qui disaient: «Médium déclare: Toute la Vérité!» Sottises! La vérité *est* que vous avez cherché aux mauvais endroits! Où seront vos maîtres et vos guides lorsque vous aurez faim? Ils vous donneront peut-être des idées à ruminer, mais ce n'est pas ça qui vous aidera durant la sécheresse. *(Rires de l'auditoire.)* C'est une vérité! *(Lève son verre et porte un toast.)* Sachez-la!

Un des plus grands éducateurs qui soient est la fourmi — vous savez, ces petites créatures importunes bien résolues à vous chiper les bons morceaux de votre pique-nique ou les miettes qui traînent dans votre cuisine? Dans mon temps, j'observais les fourmis avec beaucoup d'amour et de respect; et j'ai constaté que ces entités minuscules et déterminées possédaient une *intelligence* remarquable. Si elles avaient été humaines, elles seraient toutes depuis longtemps devenues Dieu et auraient fait leur ascension, — parce qu'*elles* n'ont aucun complexe!

Maintenant, je parle d'éducateurs de la Nature; je parle de *vrais* professeurs. Ces entités sont ravies quand les premiers rayons du soleil printanier commencent à faire fondre la neige. Elles s'affairent immédiatement, sortent de leur maison pour jouir de la merveilleuse chaleur, de la régénération d'un autre printemps. Tout de suite, ces superbes créatures commencent à nettoyer leur maison. Elles font, pour ainsi dire, le ménage de leur garde-manger et elles se mettent à amasser de la nourriture pour l'année suivante. Elles travaillent *en harmonie*, elles ont une existence harmonieuse.

Maîtres, si vous placiez côte à côte la population d'une ville et celle d'une fourmilière, *laquelle*, pensez-vous, travaillerait le plus harmonieusement? Ce sont les fourmis, je vous l'assure. Dans la ville, il y aurait des engueulades et l'on se battrait à coups de poing, car vous avez prouvé à travers vos époques que vous ne pouvez pas travailler ensemble. Vous aurez bientôt la chance d'y remédier.

Les fourmis travaillent, s'amusent et sont de bonne humeur. Elles amassent de la nourriture le printemps, l'été et l'automne durant, parce qu'elles savent que le grand silence blanc reviendra sur la terre. Elles s'y préparent. Elles ne sont pas motivées par la peur mais par un désir *naturel* de survivre. Elles ne détestent pas l'hiver; elles le *comprennent* et savent combien de temps il durera. Elles prennent soin d'elles-mêmes et se préparent. Quand reviendra le printemps, elles auront survécu — et elles *savent* que le printemps vient toujours après l'hiver. Dans leur sagesse, les fourmis ont pleinement conscience du processus d'évolution du soleil et de la terre. Ce sont de grands éducateurs pour vous. Mais comment pourriez-vous vous abaisser au niveau de la fourmi, vous qui travaillez si péniblement à vous exalter?

À vous, j'enverrai des « messagers » qui seront des fourmis. Si vous aspergez ces petits monstres d'insecticide, vous aurez tout simplement assassiné vos illustres professeurs!

Je vous les envoie et vous allez les trouver dans les endroits les plus *inattendus*. J'aimerais, mes frères, que vous les observiez et les suiviez. Je sais que vous êtes plus gros qu'elles, mais elles sont plus rapides, plus ingénieuses et plus déterminées que la plupart d'entre vous. Peut-être qu'en les observant et en essayant humblement de les comprendre, vous acquerrez la vertu de *leurs* nobles attitudes.

J'aimerais que vous observiez ce qu'elles font. Si vous ne voulez pas le faire, je vous en enverrai un millier d'un coup. Ainsi, vous serez forcés de les observer. C'est par amour pour vous que j'agis ainsi.

Observez-les. Elles *sont* divines et elles sauront que vous les regardez. Elles continueront leur besogne habituelle, sauf qu'elles auront des spectateurs. Laissez-les vous montrer, émotionnellement, ce que c'est que de se préparer. Quand votre vie sera pareille à celle de la fourmi, vous vivrez en harmonie avec Dieu et avec l'énigme appelée la Vie. Qu'il en soit ainsi.

L'auditoire: Qu'il en soit ainsi.

Ramtha: Quelle quantité de vivres avez-vous dans vos garde-manger? Combien de temps dureront-ils? Deux jours? Trois semaines? Si vous n'avez pas suffisamment de provisions pour *deux ans*, vous serez dangereusement à court. Les taches solaires ont causé des sécheresses qui, pour la plupart, ont duré au moins deux ans. C'est grâce à ce processus que la terre se régénère. Vous préparer ainsi n'accentuera pas la peur qui existe déjà dans la conscience sociale, pas plus que ne le fait la fourmi. La fourmi ajoute à l'harmonie de la Nature parce qu'elle est en accord, elle est alignée avec ce qu'elle *sait* être une vérité.

Survivre n'est pas difficile. C'est une chose *sublime* qui n'a *pas* à être laborieuse. Quand vous allez dans le sens de la Nature, vous n'avez pas besoin de vous *battre* pour survivre; vous «suivez le courant» tout simplement. Si vous luttez pour trouver un toit et de la nourriture, vous faites de la *basse* survivance. Vous allez à *contre-courant* parce que vous n'avez pas été en harmonie avec la vérité, le mouvement, les cycles de la Nature.

Est-ce là une vérité effrayante, annonciatrice de «mort et de deuil»? Comment la Nature pourrait-elle être morbide? Comment pourrait-elle être autre qu'admirablement belle? Elle l'a toujours été. Si vous la combattez, si vous êtes contre elle, vous ne gagnerez pas: la Nature sait qu'elle est éternelle; et vous êtes encore précaires.

Se préparer n'a rien d'insensé, c'est une démarche pleine de *sagesse*. Vous qui êtes devenus paresseux d'esprit et de corps, vous qui vous êtes éloignés de la campagne et de votre petit lopin de terre pour les plaisirs de la ville (parce que c'est la conscience dans laquelle vous voulez vivre), vous serez bientôt en grand, très grand péril.

Si une entité possède ne serait-ce qu'un petit lopin de terre, elle peut y cultiver de quoi vivre et conserver sa récolte. Cela l'aidera à traverser les circonstances les plus difficiles. Alors, elle est libre. Mais *vous* n'êtes pas libres! Quand surviendra la sécheresse, quand le boulanger ne pourra plus faire de pain, parce qu'il n'y aura plus de blé ou que celui-ci n'aura pas poussé suite à un manque de pluie, comment vous procurerez-vous du pain? Savez-vous seulement comment le cuire? Savez-vous comment faire pousser le blé et le séparer de la paille? Vous *l'ignorez* parce que vous n'avez jamais *eu besoin* de le savoir. Vous n'êtes plus amoureux de la terre. Vous êtes amoureux de vos *commodités*, ce qui en dit long sur ce que vous pensez du temps.

Savez-vous qui héritera du royaume des cieux? Savez-vous, maîtres, qui possédera l'état d'esprit appelé «Supraconscience»? Pas les intellectuels! Pas ceux qui se complaisent dans la complexité! Ce sont les doux, les humbles de cœur, ceux qui sont près de la terre et travaillent en harmonie et en complicité avec elle. Ceux-là savent. Ils amassent des provisions parce qu'ils aiment ce qu'ils sont. C'est aussi simple que ça. *(Regardant l'auditoire muet.)* Et ils ne jouent pas avec l'illusion de la mort.

Plusieurs d'entre vous désirent être éclairés. Toutefois, ils oscillent entre ce désir et des fantasmes de mort et de suicide. Vous aurez la chance de choisir. Vous constaterez que vos visions et vos fantasmes vont vite disparaître quand refera surface en vous cet instinct que l'on appelle instinct de *conservation*.

Les humbles sont *toujours* prêts. Ils n'amassent pas des vivres en prévision d'une grande calamité; ils le font parce qu'ils s'aiment eux-mêmes et aiment les autres suffisamment pour être toujours souverains et ne jamais être à la merci de qui que ce soit.

Vous n'êtes pas libres! Vous *croyez* l'être mais c'est l'illusion que vous avez dans votre petite boîte. Vous savez, votre boîte : bien rangée, immaculée, bien astiquée, inodore.

À quel point *êtes-vous* libres? Si la nourriture venait à manquer dans les marchés des villes (et cela arrivera), à la merci de qui seriez-vous? Si vous n'avez pas cultivé et mis de côté votre propre nourriture, quelle sorte de liberté aurez-vous? Qui vous tendra la main? Comprenez-vous ce que je dis? *(L'auditoire acquiesce.)*

La Nature est une entité sauvage, *libre*, une force de la vie toujours en mouvement. Sur ce plan, seule la Nature fait montre d'une liberté totale. Vous affichez le plus total esclavage parce que vous dépendez de ce qui est en dehors de vous.

Pourquoi a-t-on dit que les humbles hériteront de la terre? Qu'adviendra-t-il de *vous*, merveilleuses entités? Vous qui savez tant de choses, qui pouvez citer n'importe qui et n'importe quoi? Pourquoi ne faites-vous pas partie des humbles? Parce qu'ils sont en harmonie et qu'ils ne professent rien d'autre que «Dieu et la Vie». Ils ne discutent pas avec vous, ils vous *permettent* simplement d'être, car ils comprennent que vous avez votre propre vérité. Ils sont simples dans leur âme et humbles dans leur esprit. Ils ne sont pas compliqués. Ils ne font pas de «conversations intelligentes». Ils sont près de la simplicité linéaire de *l'Esprit Omniprésent*. Ils accomplissent. Ils sont le sel de la terre. *Ils* entreront dans la Supraconscience parce qu'*ils* s'y préparent.

Vous pouvez faire ce que vous voulez de cette connaissance. Vous pouvez vous chercher toutes les excuses possibles et toutes les raisons de dire que ce n'est pas vrai. À votre aise. Mais ceux qui savent que c'est la vérité *le savent*; ils le sentent! Ils surveillent la température, ils *ressentent* la Nature, ils marchent dans le vent. Ils regardent les cieux et plus loin, plus loin que l'audelà. Ils surveillent le lever du jour merveilleux. Ils le *savent*. Personne ne leur a rien *dit*; ils le savent parce qu'*ils écoutent la voix de leur dieu intérieur*. Ils vivent en harmonie avec ce savoir et à cause de cela, ils verront la Supraconscience. Il en est tout simplement ainsi.

Parlons maintenant de vos villes. Elles sont séduisantes. Elles souhaitent que tous demeurent en leur sein; mais elles n'aiment personne qui s'y trouve. À quoi vous seront-elles utiles dans les jours à venir? Pensez-y simplement, avec un peu de bon sens. Pourquoi ne seront-elles pas de bons endroits dans les jours à venir? Pensez-y! *Pas de champs*. Des autoroutes. Des maisons construites les unes sur les autres et les seules choses qui poussent sont des fleurs en boîtes.

D'où provient la nourriture, l'eau des villes? Réfléchissez et vous comprendrez pourquoi la ville n'est pas un endroit où il est bon de demeurer. Et les villes seront les premières à cracher les maladies et les fléaux. Cela n'a rien d'inquiétant; c'est une connaissance et un simple raisonnement.

Les jours à venir sont pleins de surprises multiples, mais ils surprendront uniquement ceux qui ne savent pas, qui ne sont pas prêts, qui ne veulent pas écouter parce que le poids de cette connaissance semble trop dur à porter.

Où vous procurer des vivres pour une durée de deux ans? Vous avez des marchés en abondance, n'est-ce pas? Ne vous gênez donc pas pour vous y approvisionner généreusement. Il existe plusieurs excellentes façons de conserver les aliments. Mettez-en de côté autant que vous voulez. Vous saurez quand ce sera suffisant. Et rangez-les dans un endroit très, très propre.

Et l'eau? Si vous habitez une ville, vous aurez de gros problèmes. Si vous vivez dans la simplicité de la campagne, cherchez une source, creusez un puits et vous aurez votre eau. À mon époque, les femmes allaient à la rivière ou au puits avec de grandes urnes. Cela vous semble plutôt primitif, n'est-ce pas? Mais nos femmes avaient de larges épaules, des jambes et des hanches solides et elles étaient toutes en *très* bonne santé. Creusez vos puits et ayez de l'eau à portée de la main. Comprenez-vous?

L'auditoire: Oui.

Ramtha: Savez-vous ce qu'est l'électrum? C'est la Lumière réduite à un champ électrique d'énergie positive/négative. C'est ce qui crée l'électricité sur laquelle vous vous branchez. Savez-vous ce que c'est que de se «brancher»? Combien de fois vous êtes-vous «branché» seulement ce matin? Si l'électricité n'existait pas, plusieurs d'entre vous n'auraient pas de boucles à leurs cheveux, plusieurs n'auraient pas les dents propres. Faute de pouvoir se brancher, ça ne fonctionnerait tout simplement pas. Réfléchissez-y un instant.

L'électrum est une force sauvage et *omniprésente*. Une entité brillante, *simple*, intuitive et visionnaire découvrit un jour le moyen de l'apprivoiser. Vous avez malheureusement abandonné votre souveraineté en devenant dépendants de l'électricité pour votre survie et votre confort.

Dans la Nature, l'électrum est une énergie prédominante. Dans un avenir très rapproché, un paratonnerre suffira pour capter l'énergie magnétique de vos régions du nord et du sud. Vous n'aurez plus besoin de «brancher» quoi que ce soit. Cela vous permettra d'être encore plus souverains. Les humbles seront les premiers à le découvrir, parce qu'ils sont suffisamment *simples* pour y penser.

Apprenez à être souverains. Apprenez à vous préparer. Cherchez un endroit où vous ne faites qu'un avec la vie et allez de l'avant. Si vous ne voulez pas le faire parce que ça demande un trop grand effort, qu'il en soit ainsi; vous n'en êtes pas moins aimés. Mais maintenant vous savez.

Parlons de la terre. Quel effet ont les taches solaires sur la terre ? Évidemment, quand la température est affectée, les sols et les sous-sols le sont aussi. Donc, la terre change aussi.

Depuis bien longtemps, vous attendez le « grand tremblement de terre ». Est-ce exact ? *Qui* l'a prédit ? Le saviez-*vous*, est-ce que quelqu'un vous l'a dit ou l'avez-vous lu dans quelque livre savant ?

Qu'entend-on par « grand tremblement de terre » ? Une secousse semblable à celle qui a fait sombrer l'Atlantide ? J'ai des nouvelles pour vous. Ce n'est *pas la terre* qui a englouti l'Atlantide mais les gens qui l'habitaient. Par leur arrogance et leur stupidité, d'une superbe vallée ils ont fait un immense océan.

La terre a *toujours* été en évolution, dès l'instant de sa naissance dans le berceau orbital du soleil jusqu'à sa fragile orbite actuelle où, par la photosynthèse, elle peut vous donner de la verdure, de l'oxygène et tous les éléments de la Vie. Votre terre est un lieu où il fait bon vivre, mais que savez-vous d'elle ? Que *connaissez-vous* de la Nature ? Vous connaissez beaucoup de choses mais vous êtes ignorants de la Vie, de l'essentiel de *votre* évolution. Vous devez connaître les changements qui sont actuellement à votre porte. Vous devez connaître la dynamique d'une terre en évolution parce qu'elle va certainement affecter votre futur. Il vous faut comprendre que votre terre *bouge, change, évolue* et grandit davantage. Il n'y a rien dans la vie qui n'évolue pas.

Votre terre est munie de « fermetures éclair ». J'utilise ce terme parce qu'un jour j'ai vu un homme qui, au lieu de laisser tomber son pagne, a tiré le plus simplement du monde sur la petite languette, l'a descendue jusqu'en bas et s'est soulagé sans avoir à se déshabiller. Une *merveilleuse* invention. Vous enfilez votre pantalon et vous n'avez qu'à remonter la languette pour l'ajuster ! (Parfois le pantalon est trop petit, mais vous réussissez quand même à rentrer dedans !) *(Éclats de rire de l'auditoire.)* J'emploie donc le mot « fermeture éclair » pour décrire ce que vous appelez une « faille », — un mot terrible qui suscite la peur et l'incertitude parmi beaucoup d'entre vous.

Il y a des fermetures éclair partout sur votre terre. Elles sont là afin de permettre le mouvement de l'écorce terrestre, l'expansion de la planète. Les fermetures éclair sont les «bouches d'aération» de la terre et elles se trouvent toujours le long des côtes et dans les endroits où il y a le plus de mouvements souterrains.

Saviez-vous que votre continent se déplaçait? Il bouge. Saviez-vous que toutes les strates et les plaques de votre croûte terrestre sont en mouvement? Elles le sont, au moment même où je vous parle. Vous devez le savoir et le comprendre. Dans les jours à venir, vous repenserez à cela — au moment même où vous en ferez l'expérience! La terre est prête à changer, quand elle aura pris son expansion, elle aura une apparence nouvelle, un nouveau visage.

Votre terre a évolué et elle évoluera toujours. Pourquoi, pensez-vous, vos continents se sont-ils déplacés? Et que sont devenus ces continents des temps anciens? Ils sont sous l'océan. Mais la vie a surgi du fond des océans. Au centre de l'océan Pacifique, de l'océan Atlantique, des mers du Nord et du Sud, il y a de grandes failles dans votre terre. De ces failles jaillit continuellement de la lave. Savez-vous ce qu'est la lave? C'est le *futur sol*. La lave contribue à l'expansion de votre terre. La terre se recycle grâce à ce que vos savants appellent les «plaques tectoniques», qui prennent forme dans le fond de l'océan et qui se déplacent selon l'attraction des pôles ou champs magnétiques. Actuellement, ces plaques se déplacent vers vos côtes, ce qui crée une pression sur la fermeture éclair. Il en résulte que votre Côte du Pacifique est maintenant attirée vers le Nord.

De terribles prophéties à propos du «grand tremblement de terre» se sont répandues et plusieurs ont craint que la Californie ne s'enfonce dans la mer. Mais le fond marin se déplace *vers* la Californie. Alors où tomberait-elle? Où *irait-elle*? En Arizona?

Connaissez-vous le pays appelé le Mexique? Sa masse terrestre et celle de la Californie sont poussées vers le Nord; elles *vont* vers le Nord. Elles ne se briseront pas pour tomber dans l'océan. Par contre, les vagues occasionnées par le mouvement de la fermeture éclair feront disparaître plusieurs magnifiques demeures construites près de l'océan pour jouir du merveilleux panorama. (Elles vont avoir une vue *splendide*!)

La terre, en harmonie avec le soleil, passe par un processus évolutif. Elle crée de la terre *nouvelle* qui est en harmonie avec la Terre Nouvelle de la Supraconscience, avec un nouvel esprit et une compréhension nouvelle. Tout est équilibré. Le plateau continental fait actuellement *pression* sur vos régions côtières. De nouvelles terres émergeront de vos océans; leur naissance ne passera pas inaperçue. Vos tremblements de terre *continueront* et vos monts volcaniques entreront encore en éruption.

À quoi servent les volcans? De quels grands desseins font-ils partie? Sont-ils uniquement une énigme de la Nature? Non. Ce sont des «soupapes à vapeur». Ils laissent échapper la vapeur et la pression qui s'accumulent sous la croûte terrestre. Quand une décompression est nécessaire, ils explosent et tout le monde pense que c'est un événement sinistre et épouvantable. Mais ne savez-vous pas que la matière expulsée dans l'atmosphère avec la vapeur est un fertilisant pour la terre? Là où cette matière retombera, de grandes choses pousseront. C'est un sol nouveau créé à la surface de votre planète.

L'activité sismique continuera et il y *aura* un grand tremblement de terre, mais ce ne sera pas *le* grand tremblement de terre que vous attendez. Celui-là n'existe pas; seule l'évolution existe. La pression monte et le mouvement s'ensuit. Les masses terrestres se déplacent le long des fermetures éclair. Vous découvrirez bientôt par vous-même où elles s'en vont.

Cette expansion est appelée celle des «plaques tectoniques». C'est la terre nouvelle qui surgit. C'est la terre qui se régénère. Acceptez-le.

Plusieurs entités ont recherché la proximité de la mer à cause de ses propriétés vivifiantes, de son essence même qui est mouvement perpétuel, et à cause de son pouvoir guérisseur. La mer fut, en effet, un endroit merveilleux, mais elle ne l'est plus parce que la terre bouge. Donc, si votre maison est située sur la plage, sachez qu'elle sera emportée par les eaux. Si vous vous demandez pourquoi, ce n'est pas parce que Dieu ne vous aime pas ; il vous a toujours aimé et vous aimera toujours. Vous avez créé cela en ne raisonnant pas avec la Nature, en n'étant pas en harmonie avec elle.

Dans les jours à venir, il faut quitter les plages et chercher des endroits plus élevés. Si vous vous êtes installés dans une maison qui est assise sur une fermeture éclair, vous seriez bien avisés de faire vos valises et d'aller ailleurs. Vous pouvez trouver bien des raisons de ne pas partir : « Pensez comme cet endroit m'a coûté cher ! Et la vue y est saisissante ! J'aime ça ici ! » Si ce sont là vos priorités, eh bien restez. Mais le spectacle qui s'en vient ne sera pas aussi beau que la vue dont vous jouissez maintenant. Faites ce qui vous semble bon, mais sachez que votre terre *est* en mouvement.

Dans les jours à venir, cherchez un terrain sec, plus élevé et loin des océans. Permettez à la Nature de bouger, laissez-la créer. Ne faites *qu'un* avec elle. M'entendez-vous ? Est-ce si épouvantable à entendre ? Comprenez et embrassez cette connaissance, cette sagesse. Vous serez alors dans le courant de la vie. Qu'il en soit ainsi. *(Lève son verre pour un toast.)* À la Vie !

L'auditoire : À la Vie !

Ramtha : Pour toujours et à jamais !

L'auditoire : Pour toujours et à jamais !

Ramtha : Je souhaite que vous fassiez l'expérience d'un tremblement de terre. Qu'il en soit ainsi. *(L'auditoire rit nerveusement et Ramtha rit à son tour.)* Je vous ai bien eus ! Je sais que vous pensez : « Mais si vous m'aimez, maître, vous ne voudrez *jamais* que je fasse une telle expérience. Je *sais* ce que c'est quand la terre tremble. » Vous ne savez pas encore ce que c'est ! Donc, je désire que vous ressentiez ce que vous avez toujours pris pour acquis, ce qui a toujours été là, ce qui n'est rien pour vous qu'un amas de roches écrasées. Je veux que vous *ressentiez* la vie de votre terre pendant un instant. Je veux que vous constatiez le *pouvoir* de la Nature pendant un instant. Je veux que vous sachiez ce que c'est de *se réveiller* dans la dure réalité. Et quand tout sera passé, vous voudrez vous jeter par terre et l'embrasser.

Quand la terre tremblera, vous préoccuperez-vous de votre coiffure, de vos belles dents propres, de vos amours, de votre sortie du samedi soir?

Une terre qui tremble vous permet de tout mettre en perspective; n'est-ce pas? Et pour ceux qui évoluent et deviennent Dieu — qui trouvent à l'intérieur d'eux-mêmes cette majesté incontournable — ce sera une merveilleuse expérience et une superbe leçon qui les conforteront dans leur prise de conscience. Parce qu'à ce moment-là, rien ne comptera plus sauf cette expérience. Vous réaliserez à quel point vous êtes *fragiles*, vous réaliserez ce qui est *vraiment* important. Compris?

L'auditoire: Compris.

Ramtha: Qu'il en soit ainsi! Vous vivrez des jours palpitants!

Votre terre est Dieu. Elle est *amour*, elle est *vivante*. Elle est en mouvement, elle est changeante. La terre, les plaques tectoniques, les volcans, les secousses, les raz-de-marée: c'est Dieu en expansion, en mouvement, en *continuel* devenir; c'est ce miroir appelé la Vie.

Quant à la côte Est, vous savez où elle se trouve! Les entités qui habitent dans cette région pensent depuis très longtemps qu'ils vivent au «bon» endroit. Ils pensent que la Californie va s'engloutir pendant que leur conscience sublime va survivre. Réveillez-vous!

Votre côte Est est la contribution *humaine* aux événements qui s'en viennent, car c'est la partie industrielle de votre continent. L'air y est devenu dangereux et empoisonné. Vous êtes en train de tuer vos forêts, vos poissons et vos aliments. Vous tuez la terre. La Nature, qui évolue continuellement pour s'ajuster et se renouveler, ressent une profonde et amère blessure sur la côte Est. Elle *souffre* énormément. Dans les jours qui viennent, vous découvrirez que votre terre se déplace aussi sur la côte Est, jusque dans votre Midwest. Vous verrez des tempêtes d'une violence inégalée. Elles viendront d'une région de l'océan Atlantique appelée «Dead Horse Drones». On appelle ces tempêtes des ouragans. Savez-vous ce que c'est? Ce sont des tempêtes *furieuses*. Elles sont le seul moyen que possède la Nature de guérir ses blessures en purifiant l'air et en éliminant tous les déchets. Et ces tempêtes deviendront de plus en plus imprévisibles.

Les grands complexes industriels vont s'écrouler devant la violence de la Nature, parce que leurs égouts empoisonnent l'eau et polluent les grands océans. Et ce qui jouit d'un équilibre fragile, ce qui est charmant et magnifique est en train de s'éteindre à cause d'eux, à cause de leurs *commodités*.

Ce sont les jours à venir pour l'Est et l'Ouest. Pendant ce temps, la Nature pansera ses plaies afin de guérir et de vivre. Elle se débarrassera de ce qui la blesse. La Nature guérit et va de l'avant. Ces choses n'arrivent pas parce que la Nature ne vous aime pas. Elles arrivent parce que la Nature est une loi éternelle et immuable qui doit être respectée et qui est sa propre police. Comprenez-vous?

Les habitants de ma terre d'origine [Indes/Népal] sentiront la terre trembler. Le «sommet du monde», comme on l'appelle, s'élèvera encore. Cathay [Chine] et la Terre du Soleil Levant expérimenteront un grand mouvement de terre dû au déplacement des plaques. Des volcans éteints depuis longtemps se réveilleront. C'est la Nature en «devenir». Il faut que l'homme le sache et le comprenne.

Avez-vous entendu parler d'un futur holocauste nucléaire? Savez-vous ce que c'est? C'est la fission de l'énergie; et lorsqu'elle est libérée, vous ne pouvez plus vous débarrasser des radiations. Avez-vous entendu parler d'«hiver nucléaire»? Il surviendrait si, l'atmosphère étant encombrée par la poussière, les débris et les retombées radioactives, le soleil ne pouvait plus réchauffer ce plan. Si cela devait arriver, vous auriez assurément une autre ère glaciaire. Mais l'homme ne détruira jamais ce plan. Il n'y aura jamais de guerre nucléaire; cela ne se produira pas, en dépit des prophètes qui désirent provoquer une autre guerre. Ces prophètes veulent avoir raison, aux dépens du monde entier et de toute la Nature. Ils veulent que cela arrive afin de pouvoir dire que leur prédiction s'est réalisée. Eh bien, ceux-là seront terrassés.

Ces choses dont je vous ai parlé ne sont pas des signes de la fin du monde; elles représentent le *continuum* de la vie. C'est la Nature, la Vie, Dieu révélé. C'est «l'ère de l'humilité»; c'est le réveil de l'humanité.

Il n'y aura pas d'hiver nucléaire. La terre ne se brisera pas en deux, pas plus qu'elle ne chavirera sur son axe. Pourquoi le ferait-elle? Vos pôles magnétiques changent; leur énergie électrique va du négatif au positif. Mais la terre n'a pas besoin de se renverser pour ça! Ça se fait, tout simplement. C'est la Vie, et à travers cette énigme appelée puissance et énergie, elle se régénère.

Si vous êtes encore convaincus qu'il y aura une guerre nucléaire, continuez d'y croire. Si vous êtes convaincus que vous connaîtrez une ère glaciaire parce que vous ne voulez pas revenir sur ce que vous avez dit, allez-y. S'il vous plaît de croire que la terre va basculer sur son axe parce que quelqu'un a dit que Mercure rétrogradait, allez-y! Mais ces choses n'arriveront jamais... et c'est merveilleux!

Rien ne détruira jamais cette planète. Jamais! Qu'il en soit ainsi. *(Toast.)* À Mère Nature.

L'auditoire: À Mère Nature.

Ramtha: Je vous donne un cours de raisonnement simple pour vous encourager à vous servir de votre bon sens, qui est simplicité. Apprendre et comprendre la physique de la Nature est une démarche sage et importante. Comprendre votre plan est d'une importance capitale dans le processus de devenir Dieu, parce que vous ne deviendrez pas Dieu *sans* ce plan. Ce n'est pas quelque chose que vous pouvez apprendre en récitant des psaumes; les psaumes ne sont rien. Les rituels ne sont rien; vos guides et vos maîtres spirituels ne sont rien parce qu'ils ne *sont pas* dans vos souliers. Être éclairé signifie «avoir la connaissance». Un Dieu n'est pas une entité fermée, aveugle, superficielle, spiritualiste et dogmatique. Ça, c'est mortel! Devenir éclairé, c'est embrasser la *connaissance*, s'éveiller à une compréhension supérieure qui englobe toute la vie. Être éclairé ne se fait pas en se branchant et en allumant! Cela signifie que vous *savez*. Grâce à la connaissance, vous avez une liberté et un pouvoir d'agir absolu.

Ce que je vous enseigne à propos de la Nature est d'une importance vitale. Beaucoup de choses nouvelles dans la Nature doivent être acceptées et comprises. Riches de cette connaissance et de votre *compassion* envers la vie, la Nature et les éléments, vous entrerez dans un état d'être que vous ne pouvez actuellement ni imaginer ni prévoir par l'esprit ni apprécier par les sens.

Au sein de ces changements, l'état de la terre est d'une extrême importance pour vous si vous voulez voir un seul des jours à venir. La relation qui s'établira entre la Nature et vous déterminera si vos illusions, vos cauchemars et vos fantasmes sont importants ou pas — *et* s'ils se réaliseront ou pas.

Saviez-vous, maîtres, que vous êtes en train de faire disparaître l'oxygène de votre atmosphère? Et puisque vous êtes des créatures qui respirent, qu'allez-vous respirer? Saviez-vous que vous empoisonnez votre environnement? *(Les membres de l'auditoire acquiescent.)* Vous savez cela. Alors *pourquoi* vous branchez-vous sur une source d'énergie qui menace maintenant Europa et une partie de l'Ukraine? [Référence aux conséquences de l'accident de Tchernobyl] Si vous saviez ces choses, *pourquoi ne les avez-vous pas changées?*

Quand quelqu'un a vraiment «la connaissance», il est poussé intérieurement vers la noble aventure du *changement*. Vous ne pouvez pas dire que vous *avez connaissance* de ce qui se passe sans le changer. Comprenez-vous?

L'auditoire: Oui.

Ramtha: Maîtres, *vous* avez créé les choses qui détruisent actuellement les fondements de votre existence ici-bas. La Nature ne fait que réagir. Pourquoi croyez-vous qu'une terre nouvelle doive surgir? Parce que *la vieille* est polluée! Pourtant, vous *continuez* à vous brancher! Ne savez-vous pas que le soleil peut vous fournir de l'électricité? Mais combien d'entre vous ont agi et sont devenus souverains dans ce domaine? *(Il regarde l'auditoire silencieux en bougeant la tête.)* Très peu d'entre vous.

Cette session concerne les jours à venir, mais elle parlera aussi franchement de ce que vous ne faites pas et de ce que vous ne savez pas.

Si vous êtes en harmonie avec la Nature, vous êtes *souverains* avec elle. Alors la Nature vous nourrira, elle comblera vos besoins en électricité, vous fournira le transport et le gîte. Et quel que soit l'endroit où vous percerez un trou dans le sol, vous y trouverez de l'eau fraîche.

Beaucoup de choses qui se produisent dans votre monde sont les réactions de la Nature qui part en guerre. C'est l'homme qui a créé ces choses. La Nature ne fait que réagir pour sauver sa vie et préserver son continuum.

Je vous envoie des « messagers », les fourmis, la connaissance du soleil, le tremblement de la terre, et un autre « messager » : la prise de conscience de votre environnement et de votre contribution personnelle à l'harmonie de l'homme avec la Nature. Qu'il en soit ainsi.

L'auditoire : Qu'il en soit ainsi.

Ramtha : Il y en a qui ont des visions et qui peuvent vraiment voir les ombres du présent en train de façonner l'avenir. Mais quelles sont les attitudes que ces entités transmettent avec leurs visions ? À cause de leurs propres peurs, de leurs croyances et de leur compréhension limitées, plusieurs prophètes anciens devinrent eux-mêmes les calamités dont ils parlaient en agissant de façon néfaste sur les esprits de génération et génération.

Pourquoi parler de cela ? Afin que vous ne deveniez pas victimes des prophètes. Je vous enseigne ces choses afin de vous ramener à la souveraineté. Je ne veux pas que vous soyez des êtres craintifs, stupides, querelleurs et faibles. Je vous aime. Je vous enseigne ces choses pour vous inciter à vous lever, à marcher fièrement, à être en harmonie et à savoir.

Les prophètes se trompent en ce qui concerne la Nature et sa vie *merveilleuse*. Ils sont dans l'erreur au sujet des tremblements de terre, de la destruction et des feux de l'enfer. Ça ne prend pas grand-chose, il suffit qu'une entité futée répande des rumeurs pour que vous perdiez votre bon sens et lui cédiez tout votre pouvoir.

Savoir... c'est *agir*. La survie fait partie intégrante de vous-même, même si vous êtes devenus paresseux. « Voyons donc !

46

quelle idée de retourner labourer les champs et traire les vaches?... Vraiment!» Votre esprit et votre âme ont besoin d'être ranimés et ils le seront quand vous émergerez de vos illusions et deviendrez les entités souveraines que vous êtes vraiment. S'il faut pour cela planter votre propre nourriture, faites-le. S'il faut creuser votre propre puits, faites-le! Et s'il n'y avait pas de sécheresse ou si la terre décidait de ne jamais passer à l'action, votre souveraineté au sein de la Nature permettrait de semer un peu de bon sens dans votre affreuse conscience sociale; elle permettrait à l'humanité de parfaire sa divinité.

L'amour de soi n'est pas un travail de neuf à cinq. C'est un mouvement harmonieux d'alignement avec Dieu, qui est la Nature. C'est *cela* s'aimer soi-même.

C'est une époque fantastique qui est à venir. Ce sera un monde nouveau, un esprit nouveau et une compréhension nouvelle. Cette époque est celle de la Nature en marche. Et sa marche sera si déterminée que très peu d'entités auront le temps de penser à la guerre. Elles vont se préoccuper de leur *survie*. Cela vous donnera du caractère et vous permettra de voir en toute humilité combien vaines sont la guerre, la conquête, les frontières et la méfiance.

Rappelez-vous de la question que je vous posais: à quoi penserez-vous lorsque la terre tremblera? Votre réaction lors de cette petite manifestation, qui *viendra*, vous donnera une idée de ce sur quoi le *monde entier* s'apprête à réfléchir. Quand cela arrivera, à quoi les gens penseront-ils? À leur opinion politique? À leurs armes nucléaires? À leur méfiance, leur haine, leur amertume? À leurs coups d'État, à leurs prises de pouvoir? Ils n'en auront pas le *temps*.

Qu'est-ce qui a toujours empêché l'homme d'aller jusqu'au bout de sa folie? L'intervention divine. Et qu'est-ce que l'intervention divine, d'après vous? Eh bien, il était une fois un grand et terrible vent qui détruisit l'Armada du Pape partie conquérir l'Angleterre. Qu'est-ce qui détruisit les navires et les machines de guerre? Ce n'est pas *l'homme*, c'est la Nature! C'est cela l'«intervention divine». C'est ce qui sauvera ce plan; et c'est merveilleux!

Quand vous comprendrez cela, tout simplement, et vivrez en harmonie avec la Nature, vous serez les survivants du nouvel âge dans lequel vous entrez.

Je vous *aime*, mais je vois à quel point vous n'êtes pas préparés à affronter le futur parce que vous avez cherché aux mauvais endroits. Je vois votre désir de connaître, mais à moins d'être préparés, vous ne survivrez pas. Si vous demeurez sur vos fermetures éclair, vous allez bouger, je vous l'assure, et vos maisons seront en ruines. De grandes vagues *s'en viennent*. Si vous persistez à vivre près de la mer, vos maisons disparaîtront (et vous aussi peut-être). Vous êtes libres de prendre cet enseignement à la légère, mais lorsque le soleil se couvrira de taches et se transformera, à qui allez-vous emprunter un morceau de pain ? Ceux d'entre vous qui persistent à demeurer en ville parce que leur travail est à proximité, demandez-vous si cela en vaut la peine.

Vous êtes Dieu. *(En criant.)* Vous êtes Dieu ! Et vous dites : « La belle affaire ! Qu'est-ce que cela va changer à mon emploi ? En quoi cela va-t-il augmenter mon salaire, ou payer mon hypothèque, ou servir mes amours ? » Ce que je vous enseigne s'appelle la Vie. Tout le reste doit se plier à cette connaissance, sinon il n'y aura à proprement parler plus de vie. Il en est ainsi.

Les prophètes vous ont fait un grand tort et vous les avez laissé faire. Vous vous êtes laissé effrayer. Vous avez pris pour acquis la véritable spiritualité, c'est-à-dire la vie et tout ce qu'elle renferme ; la vie et sa *Mère* qui lui permet d'être, la Nature.

Ce que vous apprenez maintenant, servez-vous-en ! Des changements sont déjà visibles dans la Nature. Vous ne pouvez vous asseoir sur vos lauriers et dire : « Elle prendra bien soin de moi parce que je l'ai toujours appréciée. » C'est ridicule ! Servez-vous de votre savoir et de votre connaissance, *écoutez vos émotions et agissez* en conséquence. Elles vous conduiront là où vous devez aller. Votre Dieu intérieur vous guidera selon cette compréhension. Vous êtes directement responsables des jours à venir ; vos raisonnements, vos émotions et vos actions sont responsables des jours à venir.

Contrairement à la croyance populaire, aucun OVNI* ne viendra à votre secours. Ce serait comme une *gigantesque* tâche de gardiennage d'enfants. J'ai entendu cette rumeur, pas vous? Des entités pensent que si elles se tiennent au bon endroit et communiquent avec leurs «grands frères», ceux-ci viendront les chercher et les sauver. Elles se trompent lourdement.

Vous *avez* des frères dans les mondes visibles et invisibles. C'est là une grande vérité. Parmi eux, il y en a qui sont très intelligents, qui ont maîtrisé la gravité et possèdent des vaisseaux spatiaux. Ils viennent de nombreuses galaxies jusqu'ici. C'est tout à fait vrai! Mais vous vous imaginez, je ne sais pas pourquoi, qu'ils vont venir vous sauver. Ce n'est pas une connaissance sublime; c'est une fantaisie limitée. Ce qui arrive ici, c'est *votre* destinée, *votre* rêve. Ils sont Dieu eux aussi et ils ont appris à *permettre*. En d'autres mots, ils ne se mêleront pas de vos affaires, car il est clair que c'est ce que vous vouliez! Ils vous permettent de vous réaliser à *votre pleine valeur*. C'est de *l'amour*, et ils vous aiment.

La Nature est toutes choses. Il n'y a rien de terrible à son sujet; elle est parfaitement sublime. Au cours de son évolution, elle vous a apporté une *multitude* de bienfaits. Pourtant, vous avez rasé les forêts de la terre pour le bois et vous avez très peu reboisé. Vous avez pris avantage des éléments naturels. Vous avez tué pour de l'or. La Nature vous a offert ce qu'elle avait de plus sublime, mais sa révolte est maintenant en marche. Cette session n'est que le commencement d'une connaissance qui se manifestera au cours des années à venir. Cette connaissance, cet enseignement et leurs manifestations couvriront *tous* les domaines. Si vous ne savez pas cela, ne le comprenez pas ou ne l'acceptez pas, tout ce que je vous ai enseigné auparavant vaudra peu de choses. Est-ce clair? Qu'il en soit ainsi.

L'auditoire: Qu'il en soit ainsi.

Ramtha: Je vous aime. Vous apprenez. Vous avez superbement appris lors de cette session. Beaucoup d'entre vous ont profité de cette connaissance et l'ont bien saisie. Il est temps de

---

*Voir chapitre *Ce sont vos frères*.

vous reposer. Prenez congé pendant une demi-heure, puis revenez. Plusieurs choses restent à faire.

Rafraîchissez-vous. Buvez de l'eau en abondance. D'accord?

L'auditoire: D'accord.

Ramtha: Je vous reverrez dans une demi-heure. Qu'il en soit
ainsi.

Samedi, 17 mai 1986
Session de l'après-midi

L'auditoire est de retour dans la salle. Ramtha demeure assis jusqu'à ce que chacun ait repris sa place, puis il se lève pour les saluer.

Ramtha: Vous êtes-vous reposés?

L'auditoire: Oui.

Ramtha: Vous seriez incapables d'acquérir de la sagesse si vous étiez affamés, fatigués ou inconfortables.

Saviez-vous que chacun a sa propre vérité? Car chacun est son propre dieu et, par conséquent, a le pouvoir de définir sa propre réalité. Peu importe ce qu'une entité choisit comme réalité, elle a raison.

Donc, nous avons ici une très auguste assemblée de dieux. J'éprouve beaucoup de plaisir à vous observer, entités bien-aimées, à voir ce que vous faites de la connaissance que je vous ai donnée; comment vous l'analysez et l'interprétez de façon à créer votre propre vérité.

Parlons maintenant des changements qu'apporteront les jours à venir. Plusieurs impliquent l'évolution *naturelle* de votre merveilleuse terre et, bien sûr, de votre système solaire. Je vais résumer, si vous le voulez bien, l'évolution de la Nature, cette Mère incomparable.

J'ai observé votre esprit fonctionner. Quand je vous ai parlé de la côte du Pacifique, de votre «porte de l'Ouest» — comprenant le Mexique, l'État de la Californie et une partie de l'État de l'Oregon —, j'ai remarqué de quelle façon vous aviez compris et visualisé l'ensemble. Je vais donc reparler de ce sujet et de ce que vous avez compris.

Quand j'ai dit que votre terre se déplaçait vers le Nord, plusieurs d'entre vous ont compris que le Mexique et la Californie allaient se rapprocher de l'État de Washington et du Canada. De la façon dont vous avez interprété ce que j'ai dit, ces pays allaient plier bagages et filer leur petit bonhomme de chemin vers le Nord. *(Rires de l'auditoire.)* Vous voyez comment votre esprit fonctionne?

J'ai *dit* que les plaques s'alignaient vers le Nord, selon l'attraction magnétique. Par conséquent, elles suivent la fermeture éclair qui va de l'équateur au Mexique, monte plus au Nord au-delà de l'État de l'Oregon, puis qui bifurque vers l'océan Pacifique pour rejoindre le golfe de l'Alaska et continuer ainsi sa route ascendante. Ce que je disais est que la masse terrestre — à cause des plaques tectoniques, des tremblements de terre et des éruptions volcaniques causés par la trop forte pression — se déplace *très lentement*, si lentement que de votre vivant, vous ne *verrez pas* le Mexique prendre la place de l'Oregon. Mais elle est en mouvement et se dirige vers le Nord, et cette énergie suscite des changements. Vous comprenez? *(Acquiescement de l'auditoire.)*

Les tremblements de terre se feront de plus en plus nombreux, puis il y aura un semblant de répit quand une quantité suffisante de pression aura été libérée.

Quand on parle de la terre qui tremble, il faut comprendre *pourquoi* elle tremble. Il y a différentes sortes de secousses. Il y a le grondement sous les grandes montagnes, présage qu'elles s'apprêtent à relâcher de la pression. On les appelle des volcans, des montagnes de feu. Puis, il y a les secousses le long de la fermeture éclair où il n'y a pas de montagnes de feu. C'est là que la pression s'accumule le plus dangereusement.

Des tremblements de terre auront lieu le long de la ceinture volcanique de l'océan Pacifique, sur les continents nord-américain et sud-américain, jusqu'au-delà de la ligne équatoriale. Cependant, les pires séismes ne se produiront pas sur la côte mais sous l'océan Pacifique, le long de la faille, de la fermeture éclair, près des plaques tectoniques. Votre pays ressentira ces secousses. Les résultats les plus spectaculaires de ces tremblements de terre seront les trombes d'eau qui s'écraseront sur vos côtes. Le sud du Mexique, la Californie de bas en haut, et le sud de l'Oregon seront tous touchés par ces vagues. C'est de l'eau qui s'en vient. Savez-vous à quoi ressemble un mur d'eau ? Vous aurez alors, vous qui vivez dans ces régions, une vue splendide en effet.

Ceux qui vivent sur la fermeture éclair souffriront le plus de ces tremblements de terre. Ce n'est pas qu'ils *doivent* souffrir, c'est simplement qu'ils l'ont choisi : *ils sont parfaitement conscients de l'endroit où ils vivent.*

Parlons maintenant des changements dans la masse terrestre. Une terre *nouvelle* est en train de se former dans un pays appelé le Japon, le Pays du Soleil Levant. Quel nom magnifique ! Une nouvelle strate y fait surface et la pression ainsi créée provoquera une activité sismique considérable au Japon. Les gens de ce pays commenceront sous peu à ressentir des secousses.

Quand une chose monte, une autre chose doit bouger pour lui faire de la place. Le Japon se déplacera vers l'ouest afin que la terre qui s'élève à l'est devienne son plus proche voisin. Vers la fin de votre siècle, les habitants du Pays du Soleil Levant n'auront qu'à traverser un petit cours d'eau pour se rendre dans ce nouveau pays. Et ils en ont *besoin* ; pour eux, ce sera une *bénédiction*. Sur cette terre, ils pourront cultiver et récolter toutes les variétés de nourriture qui existent de par le monde ; ils pourront y faire pousser de tout, absolument n'importe quoi. Cette terre sera si riche et si fertile qu'elle leur permettra d'être souverains et autosuffisants. Elle sera assurément une bénédiction et elle vaudra bien les tremblements de terre qui auront été à sa genèse.

En ce qui a trait au Mexique, en tant qu'ami qui vous aime, je vous suggère fortement d'y couper vos visites pour le moment.

Dans votre pays, vous verrez s'élever des montagnes là où il n'y avait auparavant que des plaines dénudées. La terre se soulèvera sous la pression des cours d'eau souterrains. C'est une chose splendide, car là où surgissent les montagnes poussent aussi les plantes ; et vous avez grandement besoin de l'oxygène à la gloire duquel les plantes travaillent. C'est cela, *la Nature*, votre Mère, la Bonne Terre, le principe *divin* qui prend les choses en main et opère des changements — sans *votre* permission — afin que continue le processus appelé la Vie. Et si par hasard dans votre petite ferme au sein d'une charmante prairie vous commenciez à sentir la terre se soulever, eh bien, réjouissez-vous!

Vos tests nucléaires souterrains sont des implosions, n'est-ce pas? Ces implosions faites par votre pays, pour ne mentionner que le vôtre, ont eu un effet d'onde de choc sur votre croûte terrestre. Là où elles ont eu lieu, la croûte terrestre s'est fragmentée. Votre terre bougera parce que la Nature remplira ces brèches; et c'est à ces endroits que de nouvelles montagnes se formeront.

Vous demeurez au sein d'un grand pays peuplé d'entités libertaires. Savez-vous ce que «libertaire» veut dire? La liberté de l'esprit! La liberté pour une entité de changer, de faire ce qu'elle veut dans la mesure où elle-même se permet de le faire. Dans ce pays, vous ressentirez *intensément* l'action de la Nature; mais les peuples de l'Europe, du Saint-Orient et du Pays de l'Ours seront encore plus affectés durant les jours à venir. Ils ont pollué le sol qui les nourrit. Ils ont pollué leur eau et leurs forêts. Leurs poissons se meurent, leur terre est empoisonnée et tout ce qui se nourrit de la terre s'empoisonne lentement. Non seulement ont-ils pollué mais ils sont extrêmement agités; ils tentent de se libérer de l'esclavage dans lequel les maintiennent des dictateurs ou des nations voisines, des cultes, des doctrines et des philosophies. Ils subiront les morsures d'un vent nordique et ils auront beaucoup de difficulté à survivre. Leurs jours à venir seront noirs, en effet.

Dans ces vieilles, très vieilles nations, la Nature est en train de séparer la masse terrestre qui se déplace vers le nord-ouest. Cela occasionne des tremblements de terre. L'Ukraine, demeure des enfants de l'Ours, est *sectionnée* en son centre. Cette faille doit être comblée et ce processus causera des tremblements de terre. Cet ancien royaume ne commence pas seulement à se déplacer, il est en train *d'agoniser*, de mourir aux générations futures. La terre se transformera grandement pendant cette décennie et jusqu'à la fin de la prochaine; des changements extraordinaires qui auraient pris 10 millions d'années d'évolution surviendront en une seule décennie.

La situation s'aggrave par le désir de liberté de l'Homme. Elle s'aggrave par la méfiance et la haine qui empoisonnent les esprits. Elle s'aggrave par la faute des chefs d'état qui érigent en lois leurs attitudes personnelles auxquelles ils assujettissent leur peuple. Les gens y sont pour ainsi dire des « sujets de la couronne ».

En Europe, il n'y a pas que la croûte terrestre qui se déplace vers l'ouest et vers le nord. D'autres événements commencent à se produire. Des fléaux semblables à la Peste Noire refont surface. Ce sont des maladies mais aussi des famines terribles.

La Nature, dans son désir d'opérer un nettoyage, de se renouveler et d'étendre sa surface et son moi vivant, doit passer par plusieurs stades. Pour vous qui êtes humbles dans votre connaissance, il serait préférable de ne pas aller outre-mer, de ne pas traverser les frontières de votre pays. Car ce pays et ses habitants ont, eux, *la capacité de changer*. Vous comprenez?

L'auditoire : Oui.

Ramtha : Les habitants de la Terre de l'Ours, de l'Europe et du Saint-Orient sont *tous* Dieu. Ils sont aimés du même amour qui vous est donné et que vous ressentez. Leur sort n'est pas désespéré. La Nature fera peau neuve. Mais ce que *l'homme* crée va à l'encontre de la Nature. Il est certain que les résultats de cette confrontation seront très pénibles et très désagréables. Ces gens ne sont pas sans espoir parce qu'ils sont *aimés*. Et ces événements qui vous sont maintenant révélés, *tous* les peuples de la terre en ressentiront les douloureux effets.

Plusieurs de vos pays ont développé, au moyen de la fission, ce que l'on appelle l'énergie nucléaire. Savez-vous ce qu'est l'énergie nucléaire? C'est l'énergie contenue dans le noyau de l'atome. Elle est toute-puissante mais elle est encore à l'état *brut* et primaire. Les réacteurs un peu partout autour de votre monde sont à la merci de la Nature. À cause des expériences souterraines et des implosions, l'écorce terrestre est fracturée, brisée. Et la terre, en essayant de se régénérer, en tremblant et en grondant, risque de fissurer vos réacteurs. Entités, *vous êtes en péril par votre propre faute.*

Maintenant, je vais laisser la Nature respirer pour un instant et je vais traiter des jours à venir *pour l'homme.*

Vous êtes venus à mon audience et m'avez entendu dire la chose la plus *blasphématoire,* la plus *arrogante* et la plus *égoïste* qui soit : vous êtes Dieu. Vous êtes Dieu ! Et avec cette compréhension infinie et omniprésente, vous êtes *tout ce qui est.* Vous entendez, mais rien ne se passe. Vous entendez, mais vous ne *savez pas.* Cela ne s'est pas gravé en vous.

(Délibérément, à voix basse.) Je suis venu vous apporter le plus grand de tous les messages : vous êtes Dieu. Sa simplicité n'a jamais changé. Je vous l'ai transmis à maintes et maintes reprises. Ce message est contenu dans tous les mots que je vous ai dits, toutes les audiences que j'ai tenues durant mon séjour parmi vous.

Je suis venu vous enseigner, vous permettre, vous dissuader de vous détruire vous-même ; je suis venu avec des « messagers » qui vous enseignent et vous font vivre des expériences — et j'ai fait tout cela dans le but de voir surgir une grande entité. Tous ces « messagers » et toutes ces expériences ont eu leur utilité, car comment sauriez-vous si ce que je vous dis est vrai si vous n'en faisiez pas l'expérience ? Et tous les moyens m'ont été bons pour faire passer mon message, pour que vous en retiriez connaissance et sagesse. Mais vous ne comprenez toujours pas et vous attendez toujours.

Beaucoup croient encore que Dieu est à l'extérieur d'eux. Aussi longtemps que vous créerez un Dieu *en dehors* de vous, vous ne serez pas en contact avec ce qui est en dedans de vous. Dieu n'est *pas* une image ; il n'est pas séparé de quoi que ce soit. Dieu est toutes choses. C'est la vie, la puissance, l'instant présent. C'est la pensée *s'accomplissant* pour devenir Lumière. Vous *êtes* ce merveilleux spectre de Lumière qui apparut quand Dieu, « Celui qui est », s'est contemplé lui-même. Chaque fragment de Lumière créé à partir de cette contemplation contient toute l'éternité — et c'est *vous.*

Vous dites : «Je n'ai certainement jamais pensé que Dieu pouvait me ressembler.» Mais être Dieu n'a rien à voir avec *l'apparence*; cela a tout à voir avec *l'attitude* et *la connaissance*. C'est *l'essence* caractéristique à chacun. C'est *la puissance* de sa propre souveraineté.

Comment sauriez-vous que vous êtes Dieu? En réalisant que tout ce que vous êtes en ce moment, tout ce que vous faites, tout ce que vous expérimentez, vous le manifestez — dans *votre* processus de pensée. En d'autres mots, vous décidez de tout, parce que vous avez tout *voulu*. Le vouloir, l'indomptable et divin libre arbitre vous sert de modus operandi depuis dix millions d'années.

Quelqu'un pourrait vous dire : «Entité, n'est-ce pas la plus splendide des journées?» et vous pourriez fermer les yeux et répondre : «Hélas, je ne vois que les ténèbres.» Voyez-vous à quel point vous êtes *puissants*? Vous avez le pouvoir d'empêcher le soleil de briller. Vous avez le pouvoir d'entourer quelqu'un d'amour ou de vous en abstenir et de le faire souffrir.

Si vous pensez que quelqu'un, quelque part dans l'invisible, tire les ficelles, *rêvez toujours*. Il n'en est rien! Seul un Dieu a le pouvoir de se limiter. Vous saisissez?

Si vous êtes malheureux, vous *vouliez* l'être. Si vous êtes malade, vous *voulez* l'être. Vous dites : «Mais je ne voulais pas vraiment être comme ça!» Vous *l'avez voulu*, et vous avez le pouvoir de changer *à n'importe quel moment*. Votre réalité n'existe que selon *vos* conditions.

Comment sauriez-vous, entités fragiles et limitées, que vous êtes Dieu — vous qui ressentez les douleurs de l'arthrite, le feu dans vos reins, la faim dans votre ventre, la misère des amours déçues, du mépris pour vous-même et de la haine pour les autres? Seul un Dieu peut *ressentir* toutes ces choses.

Vous *permettez* tout par votre processus de pensée. Saviez-vous que vous ne seriez pas en vie sans le principe de la Pensée? La Pensée est Dieu et elle vous nourrit. Mais vous avez été très astucieux, vous avez obstrué les deux tiers de votre cerveau et vous avez réduit d'autant votre faculté de recevoir la pensée. Et plus vous êtes limités en pensée, plus vos vies deviennent *désastreuses*.

Comment sauriez-vous que vous êtes limités? Réfléchissez à toutes les choses auxquelles vous pensez ne pas pouvoir répondre par vous-même (même si vous le pouvez). Pensez à toutes les questions que vous vous posez, à toutes les dépressions dont vous avez souffert, à tous vos malheurs, à toutes vos amours brouillées. Quand vous ne pouvez pas prendre soin de vous-même, vous êtes plus que limités, vous êtes *en deçà* de la survie.

Comment devrais-je vous enseigner quelque chose qui s'est égaré dans votre mémoire, quelque chose qui ne cadre pas avec vos horaires, vos philosophies, vos religions ou vos situations familiales? Impossible. Je suis un miroir qui réfléchit vos possibilités. Un jour, vous vous y reconnaîtrez, tous, inévitablement. Je vous renvoie l'image de vous-même, je vous reflète la connaissance de ce que vous êtes. *Vous* devez l'accepter et l'appliquer à votre vie afin qu'elle vous conduise vers cette émotion que vous êtes seul à pouvoir expérimenter, accepter et connaître.

J'opérerai pour vous des manifestations. Je vous enverrai des «messagers». Tout ce que je dis s'accomplira pour la gloire du Dieu en vous tous. Un bon matin, vous vous réveillerez et réaliserez que ces choses qui vous arrrivent sont la preuve de ce que je vous enseigne. Vous reconnaîtrez alors que vous êtes divins, en effet, que vous créez votre propre réalité, que vous êtes responsables de tout dans votre vie. Sans cette connaissance, vous ne vivrez jamais la Supraconscience, le Royaume nouveau, la nouvelle Jérusalem, l'ère nouvelle. Vous ne la verrez pas.

Donc je vous dis dans votre langage courant que tous vous avez créé le pétrin dans lequel vous vous trouvez. Tous! Vous dites: «Comment ai-je pu prendre part à l'accident du réacteur de Tchernobyl?» Vous avez pitié des pauvres entités qui souffrent là-bas, mais vous pensez que cela ne vous concerne pas parce que c'est arrivé dans un autre pays. Maîtres, la vérité est que cela vous concerne *profondément*. Vous n'avez pas permis à votre esprit de se réveiller, de devenir ingénieux et souverain. Vos gouvernements politiques, afin que vous restiez «branchés», continuent de dépendre d'une énergie dangereuse pour les cellules humaines. Vous comprenez? Réalisez-le, car c'est une grande vérité.

Où sont vos moulins à vent? Vos systèmes à énergie solaire? Vous pensez être des entités éclairées, mais *où* est votre esprit? *Où* est votre motivation? Dieu, *où* est votre souveraineté?

Vous n'avez fait qu'empirer les problèmes énergétiques du monde et ne ferez qu'ajouter à tous ses autres problèmes si vous ne développez pas l'attitude qui changera votre façon de vivre, qui transformera votre sagesse en action. Vos actions sont motivées par vos pensées; et vos pensées nourrissent la Conscience qui à son tour alimente la pensée de chacun à travers votre monde. Il suffit qu'*une seule* entité décrète sa *propre* souveraineté pour qu'un mouvement naisse. Le sentiment de cette liberté, qui permet de dormir d'un sommeil paisible, rejoint la conscience sociale où il est repris par quelqu'un d'autre. Voilà comment vous devenez des «lumières vivantes pour le monde».

Vous ne saurez ni ne découvrirez qui vous êtes qu'au moment où vous admettrez votre propre responsabilité dans les événements qui se préparent. Quand vous les considérerez et *reconnaîtrez* votre responsabilité, vous aurez également l'humilité nécessaire pour les changer.

Tout ce que vous avez jamais pensé et accepté émotionnellement en votre âme s'est manifesté. L'ensemble de vos pensées crée votre destin. Si vous pensiez que la raison de votre présence sur ce plan était d'accomplir la «volonté de Dieu» ou un quelconque devoir, c'est une *limitation*; c'est être pris dans la conscience sociale de la réincarnation. Un dieu souverain, qui a trouvé la liberté dans sa propre souveraineté, sait qu'il réalise son propre destin et qu'il peut le changer *à l'instant*, simplement parce qu'il le *veut*.

Vous êtes des *hypocrites* si vous dites que vous possédez un libre arbitre tout en vénérant et en acceptant l'idée d'un destin prédéterminé. Pensez-y! Pas étonnant que vous soyez limités. Vous avez abandonné votre pouvoir à la certitude que vous ne pouviez pas changer. Vous vous êtes cloîtrés dans votre esprit et vous êtes devenus des entités de survie plutôt que des entités de lumière.

Vous pensez que vous vivez dans l'Ère du Verseau? Sottises! Le Nouvel Âge? Non. Vous n'êtes que de vieilles entités dans de nouveaux corps, dans une ère nouvelle, et vous n'avez pas vraiment fait de progrès.

Saviez-vous qu'il a suffi de quelques entités souveraines pour inventer la liberté de mouvement. Saviez-vous que vous pouvez compter sur les doigts des deux mains (et il vous restera des doigts) le nombre d'innovateurs à l'origine de votre Révolution industrielle? Qu'ont fait tous les autres? Ils ont suivi le courant. Vous ne pouviez pas y contribuer par votre génie parce que vous n'aviez pas appris à être souverains, parce que vous pensiez que votre destin était prédéterminé, que vous étiez une race prédestinée. Vous *êtes* souverains, dites-vous? Vous êtes des entités souveraines quand vous pouvez pourvoir à tous vos besoins par vos propres moyens, uniquement à ce moment-là.

Dans la pensée collective, l'Homme s'est endurci contre lui-même. Il a même perdu la vision de son moi illuminé et divin. Il est devenu une entité qui survit tant bien que mal.

À mon époque, votre plan terrestre avait une toute autre apparence. Il n'y avait pas d'océans. Il y avait de l'eau fraîche mais il n'y avait pas d'océans. En lieu et place de votre majestueuse Amérique se trouvait un grand marécage, avec d'énormes masses de terre de chaque côté. Parce que l'homme perdit la vision de son moi illuminé et devint une entité décadente et limitée, des terres où jadis marchaient les dieux dans leur glorieuse lumière sont enfouies maintenant sous la mer.

La Nature, en réaction au manque de respect de l'homme envers son héritage divin, recouvre ses empreintes et crée du neuf. Si la terre ne se régénérait pas, ne changeait pas, la race humaine s'éteindrait. L'atmosphère de la terre est gravement polluée, son précaire équilibre est menacé. Même au tournant de votre siècle, vos gens étouffaient à cause du niveau de suie dans l'air. Mais la terre se régénérera toujours. Réjouissez-vous de cela.

Vous vous êtes mis dans de beaux draps. Vous ne pouvez vivre tous ensemble en harmonie. Plusieurs peuples sont vos ennemis, avoués ou en puissance. Vous vous méfiez des entités dont la couleur de la peau est différente de la vôtre et vous considérez plusieurs d'entre elles comme des entités inférieures. Vous avez divisé vos continents en pays délimités par des frontières; et là où il y a des pays, il y a des dirigeants; et où il y a des dirigeants, il y a la répression de certaines attitudes.

La race humaine en est arrivée à un état explosif. Les nations se disputent le pouvoir ultime. Il existe un énorme conflit d'allégeance entre la religion et l'État. Vous vous êtes séparés de vos frères et à cause de cela vous êtes sur le qui-vive, vous fabriquez des armes pour protéger vos frontières, vos maisons et vos enfants.

Savez-vous ce qu'est la guerre? Vous *devriez*! Vous la faites *chaque jour*, chaque fois que vous disputez votre vérité avec un autre, que vous lui dites qu'il a tort et que vous avez raison. Cela, en effet, est la *guerre*. La guerre ne se fait pas nécessairement sur un champ de bataille; elle peut avoir lieu dans votre propre cour ou dans votre salle de bains.

Votre plan est le théâtre «d'interventions divines» parce qu'il est menacé d'anéantissement. Pourquoi, croyez-vous, vos fusées tombent-elles des cieux? À cause de défaillances techniques? Pourquoi vos réseaux de surveillance sont-ils détruits? Parce que votre pays, le Pays de l'Ours et d'autres pays ne vont pas dans l'espace pour des raisons scientifiques. Ils y vont comme des aigles se nicher parmi les étoiles afin d'exercer leur empire sur le ciel et la terre. Voilà ce dont rêvent vos maîtres de la guerre et ceux de tous les pays, même les plus petits et les plus pauvres. Après tout, celui qui peut s'asseoir aux premières loges d'un lever de soleil, celui qui peut marcher sur la lune argentée devrait pouvoir dominer le reste du monde. Si cela devait arriver, que feriez-vous? Lui cracher au visage?

Elle tire à sa fin, cette attitude qui consiste à imposer vos philosophies, théories et gouvernements aux autres entités. Il en est grand temps, après avoir passé sept millions et demi d'années à vous défaire de votre pouvoir et à vous battre ensuite pour le reprendre. Durant les jours à venir, les maîtres de la guerre qui ont désiré régner, ceux qui ont manifesté et réalisé leur rêve (parce qu'eux aussi sont dieux), ceux-là *régneront*; ils sont sur la voie du pouvoir. Ceux qui gouvernent à l'étranger sont dangereux, et il est vrai qu'ils vous méprisent. Et bien qu'ils semblent gagner, leur haine est comparable à une plaie purulente qui doit s'ouvrir pour éliminer le pus afin de guérir. Ils vont tomber comme des mouches parce qu'ils ont atteint le paroxysme de leur rage et de leur sauvagerie et qu'ils en perdent leur bon sens. Leurs jours sont comptés, en effet.

Les révolutions que j'ai prédites se sont toutes produites. Elles se produisent partout dans le monde parce que les humbles, les gens ordinaires ne désirent toujours posséder qu'une chose : la liberté de suivre le mouvement de la vie. Les entités qui tentent de les réprimer seront terrassées.

Le plus grand maître est en vous ; c'est cet esprit divin que je m'efforce de vous enseigner.

Aucune bombe ne détruira jamais votre pays ou le Pays de l'Ours. Cela ne se produira pas. Le mouvement progressif de la Nature apportera un équilibre, appelé l'Esprit divin, et ce qui n'est pas en harmonie avec la vie n'existera plus. Des entités renommées, prestigieuses, puissantes et influentes seront ruinées par leur propre fourberie, elles seront délogées par ceux qui envient leur place. Ce sera une guerre *individuelle* pour le pouvoir, mais ces entités tomberont chemin faisant devant vous. Dans peu de temps, il ne restera plus que quelques-uns de ces chefs d'État — ou de leurs successeurs —, car il est fini le temps de ceux qui travaillent à annihiler les peuples de ce plan.

Comment empirez-*vous* tout cela ? En vous divisant, en pensant que tous sont vos ennemis alors que votre véritable ennemi est votre *propre perception*. La vérité est que derrière le visage et l'apparence d'un habitant du Pays de l'Ours et d'une entité à la peau jaune se cache quelqu'un *comme vous*. Le saviez-vous ? Ils sont *comme vous*. Ce sont des dieux vivants, et *leur* heure approche.

Connaissez-vous la grandiose raison derrière l'accident nucléaire de Tchernobyl ? C'est une petite étincelle qui à la fin redonnera leur pays aux gens qui cultivent les pommes de terre et voient à leur propre subsistance. Cette petite étincelle engendrera une révolution dans ce beau pays. Celle-ci ne ressemblera pas à la révolution bolchévique; ce sera celle des humbles héritant de leur droit à une paix éternelle. Avant la fin de la prochaine décennie, les chefs militaires de ce pays auront depuis longtemps quitté ce plan. Les gens simples de ce pays auront alors un large éventail d'opportunités pour recréer la vie. *Cela est une chose merveilleuse.*

Votre pays est grand, n'est-ce pas? C'est un endroit superbe. C'est le creuset du monde. Des gens de tous les pays sont venus ici afin de commencer une vie *nouvelle*. Votre pays représente tous et chacun dans le monde. C'est *magnifique*. Cela représente l'unité de soi.

Vous ne connaîtrez pas la guerre en ce pays, pas à l'échelle d'un cataclysme, mais vous allez apprendre à vous connaître par la Nature et ses changements. Vous apprendrez ce que c'est que d'être Dieu dans le sens le plus souverain du mot.

Beaucoup d'entre vous se plaignent que le gouvernement ne prenne pas suffisamment soin d'eux. Mais que faites-*vous*? Où est votre souveraineté, maîtres éclairés?

Beaucoup se plaignent de votre Roi Reagan. Mais cette entité est un *homme d'action, un homme de gros bon sens*; ses actions sont en accord avec ce qui se passe. Il est le premier des trois hommes politiques de ce pays qui créeront l'opportunité d'un retour à une république telle que l'avait imaginé Solon. Un gouvernement au sein duquel les gens se gouvernent eux-mêmes. Cela est *prévu* pour votre pays.

Je n'ai pas voté pour votre roi, mais je dois dire que cette entité est divinement inspirée. Ce n'est peut-être pas évident, mais *chaque jour* cette entité prie avec ferveur pour demander direction et conseil. Vous ne le savez pas, mais moi si. Et c'est grâce à cet homme formidable et simple que verra le jour ici, avant la fin de la prochaine décennie, une république sans chef d'État, une république dirigée par le peuple, une grande république, en effet. *(Applaudissements de l'auditoire.)*

Beaucoup pensent qu'ils ont déjà cette forme de gouvernement, mais c'est faux. Vous permettez que des politiciens vous dirigent, et c'est très bien ainsi. Il y en a plusieurs qui sont nobles de cœur et ce sont vos frères. Mais dans la république de

Solon, chaque entité est son *propre* seigneur souverain et chacun, à tour de rôle, aide le pays à prendre les décisions.

Pourquoi cela est-il si important pour votre pays? Parce que votre pays a été créé dans le but de permettre à la liberté de suivre sa destinée. Et cette liberté absolue, entière dans son royaume, se manifestera ici. Votre roi, en dépit de tout, est noble. Il a eu le courage d'être spectaculaire et différent afin d'améliorer le sort des gens ordinaires. Donc, une telle république verra le jour.

Durant les jours à venir, vous assisterez à de nombreux changements dans vos systèmes, vos gouvernements et votre façon de penser. Chaque changement marquera un échelon plus élevé menant à la liberté des peuples. Les maîtres de la guerre agonisent; leur tonnerre s'éteint. Et jour après jour, à chaque instant, des *gens* humbles et sincères se révèlent qui ont fait la paix avec le monde entier.

Je veux que vous sachiez que si tous les gens ordinaires de votre monde pouvaient parler sans être influencés par leurs doctrines politiques, vous les trouveriez charmants. Alors les barrières tomberaient.

Votre gouvernement, calomnié, miné de partout et même de l'intérieur, *se maintiendra*. Il est en route vers la plus grande liberté qui soit. Ceux qui espèrent cette liberté trouveront alors une joie et une liberté d'âme qui élèveront toute la conscience à cette compréhension.

Les entités qui se rebellent le font pour acquérir plus de liberté dans leur vie. Le saviez-vous? Savez-vous qui vous hait? Ceux qui souhaitent prendre le contrôle de leur propre nation. Vous êtes pour eux le rappel constant de ce qu'ils ne veulent pas voir arriver dans leur pays. Vous saisissez?

L'auditoire: Oui.

Ramtha: Donc, collectivement, les humbles du monde entier projettent l'ombre des jours à venir, d'un monde meilleur, d'un monde d'amour dont Dieu sera assurément la force de manifestation. C'est merveilleux, et c'est un aperçu de demain.

Plusieurs d'entre vous ne verront jamais demain. Pourquoi? Regardez ce que vous faites, comment vous vivez. Vous hochez la tête et souriez lorsqu'il est question de fraternité entre tous les peuples. Vous parlez d'aimer tout le monde, mais *le faites-vous*? Aimez-vous votre voisin? Aimez-vous votre famille, inconditionnellement? Que faites-vous de *vous-même*? Ce que vous faites est *votre* destin. Si vous êtes pris dans le piège de l'arrogance et de la vanité intellectuelles, vous vous isolez de ceux qui sont simples et vous ne verrez pas la Supraconscience.

Chacun de vous, dieu individuel, doit observer ce qu'il fait et comment il façonne son lendemain. Je vous vois juger sans pitié certaines entités. Je ne trouve pas votre amour pour les autres très ardent ou très inspirant. Vous êtes égoïstes, pleins d'indignation, arrogants et agonisants. *Humbles*, vous n'êtes pas! Si vous n'acceptez pas qui vous êtes, le dieu que vous êtes, et si vous ne possédez pas ce qu'on appelle l'amour, vous ne verrez pas les jours à venir.

La leçon que je vous donne est la suivante: Tous ceux que vous avez jugés durant les deux jours précédant cette audience, je vais vous les renvoyer. Qu'il en soit ainsi! *Tous* ceux que vous avez jugés! Suis-je cruel? Pas du tout. Je veux que vous trouviez le dieu qui est en eux, c'est *une nécessité*. Quand vous l'aurez trouvé chez eux, vous l'aurez rejoint en vous-même, car vous ne pouvez voir en vous que ce que vous voyez chez les autres. Tous ceux que vous avez critiqués ne sont que des reflets de vous-même. Vous reconnaîtrez vraiment que vous êtes humbles, doux et éternels uniquement quand vous aurez reconnu ces vertus chez les autres. Comprenez-vous?

L'auditoire: Oui.

Ramtha: Permettez aux autres d'avoir leur vérité. Connaissez votre propre vérité, mais ayez l'humilité et la gentillesse de leur permettre d'exprimer leur point de vue.

Habituellement, quand vous pensez à l'amour, qu'est-ce qui vous vient à l'esprit? La copulation! L'âme sœur et le mariage! Vous ne savez pas aimer au-delà de ces limites. Le véritable amour ne consiste pas à imposer physiquement à quelqu'un son affection mais à découvrir la face cachée d'une entité et à embrasser cette divinité.

Mes frères bien-aimés, je vais vous envoyer des entités qui vous refléteront toutes les facettes de vous-même. Cet intermède sera à la fois doux et amer. Qu'il en soit ainsi.

Quand vous aimez quelqu'un, vous aimez le miroir qui vous permet d'entrevoir la simplicité cachée derrière votre complexité, d'entrevoir la vérité de qui vous êtes au-delà de votre confusion. C'est ce que vous cherchez depuis le jour où vous avez oublié qui vous étiez, il y a sept millions et demi d'années. Bénissez chaque «messager» au nom du seigneur-dieu de votre être, parce qu'ils *vous* permettent de *vous* connaître. Chaque fois qu'un «messager» se présentera, demandez-vous quelle facette de vous-même il vous réfléchit, demandez-vous ce que vous éprouvez à ce sujet.

L'amour vient lorsque vous vous aimez vous-même dans la joie. La joie vous permet d'aimer tendrement le monde *entier*, chaque personne du monde entier. Voilà de l'amour inconditionnel, voilà le couronnement d'un christ qui s'éveille.

Si vous souhaitez changer, participer aux changements futurs, vous devez apprendre à être humbles de cœur. Bon, qu'est-ce qui peut bien susciter l'humilité? Hmm? *(L'auditoire rit d'un rire nerveux.)* Qu'ils viennent! Qu'il en soit ainsi!

L'auditoire: Qu'il en soit ainsi.

Ramtha: Être humble, c'est manger du pain sec un certain temps. C'est regarder quelqu'un que vous avez détesté et réaliser que vous n'aviez pas *cherché* assez profondément; et c'est, ensuite, avoir l'humilité de l'embrasser. Le pain sec, c'est avoir dit votre façon de penser à quelqu'un, l'avoir remis à sa place et découvrir enfin que vous vous étiez *grossièrement* trompés (comme d'habitude, quand il est question de traiter avec vos frères). Être humble, c'est vous demander personnellement pardon de vous être jugé vous-même. Être humble, c'est prendre le temps d'écouter les autres et leur permettre d'être — peu importe s'ils vous irritent. Ça, c'est être humble.

Soyez assez humbles pour vous pardonner à vous-même. Vous ne pouvez pas demander pardon à quelqu'un d'autre. Les autres ne pardonnent pas parce qu'ils se souviennent toujours; le souvenir est gravé dans leur âme. Vous devez vous pardonner à *vous-même*. Parlez au nom du seigneur-dieu de votre être et pardonnez-vous — pas pour ce que vous avez fait, mais de *ne pas avoir reconnu le dieu que vous êtes*. Le pardon est comme une gigantesque gomme à effacer. Vous savez, une grosse gomme pour effacer vos erreurs sur le papier? Le pardon élimine la culpabilité, l'humeur, la colère, la dépression, et il vous permet de vous sentir comme un vin nouveau. Être humble c'est admettre que le moment de connaître qui vous êtes et de changer d'attitude est *maintenant*. C'est être le plus humble d'entre les humbles.

Je vais vous envoyer un «messager», *un de plus*. C'est une vision de vous-même. La vision que vous aurez sera celle de quelqu'un qui est en paix avec lui-même et avec son dieu intérieur, de quelqu'un qui a appris ce que signifie être un dieu d'amour inconditionnel. Je vous donnerai un aperçu de ce que vous pouvez être. Tous dans cette salle auront cette vision avant la fin de l'été dans ce pays. Qu'il en soit ainsi!

L'auditoire: Qu'il en soit ainsi.

Ramtha: Je vous observe et je vois les problèmes que vous créez. Savez-vous ce qu'est un problème? C'est en ignorer la solution. Je connais votre complexité et votre insécurité. Je sais que vous tentez ardemment de réussir et que vous vous préparez à l'échec. Je suis au courant de toutes les relations amoureuses qui ont mal tourné; je les connais *toutes*.

Je vous regarde et je vois combien vous avez désespérément besoin de conseils. Mais avant la fin de cette année, grâce à ce que je manifesterai, vous allez apprendre à accepter, à comprendre et à changer votre propre réalité. C'est à votre détriment que vous cherchez hors de vous-même ce que vous possédez déjà intérieurement: vous cédez votre pouvoir. Pourquoi ne connaissez-vous pas les réponses à vos propres questions? Pourquoi même avez-vous des questions? Vous devriez simplement savoir. Comprenez-vous?

L'auditoire: Oui.

Ramtha: Je ne veux pas que vous vous contentiez d'un semblant de vérité. Je souhaite, tel un frère, manifester pour vous la sagesse qui vous fera savoir avec certitude. Vous n'accomplirez pas de changement si vous ne savez pas répondre *par* vous-même et *pour* vous-même.

Si vous voulez savoir et avoir la puissance, vous devez écouter cette voix qui est en vous. Cette voix ne dit rien; elle ressent toutes choses. Vous saurez ce que c'est de toucher une émotion divine et lumineuse.

Je vais vous montrer toute ma puissance — celle qui sera *vôtre*. Je donnerai des réponses à toutes vos questions; elles seront évidentes. Vous souhaitez changer votre relation amoureuse? Je vous montrerai les deux côtés de la médaille. Vous désirez le succès? Je vous aiderai et cette année même vous obtiendrez du succès. Vous désirez trouver la joie? Je vous enverrai un peu de joie. Vous souhaitez la paix afin de bien dormir la nuit? Je vous enverrai le sommeil. Vous désirez mettre un terme à vos malheurs et à vos manies? Je vais vous libérer de ces mauvaises habitudes et vous procurer la solution. Qu'il en soit ainsi! Êtes-vous contents?

L'auditoire: Oui.

Ramtha: Tout ce que vous vouliez savoir en venant ici, vous le saurez. Tous vos besoins seront comblés. Mais sachez que cela s'accomplira pour la gloire de Dieu en vous. Il sera témoin de ce qui vous arrivera. Et sachez que *vous* auriez pu faire tout cela vous-même depuis bien longtemps.

Quoi que la terre fasse, et quelle que soit l'action de l'Homme en dehors de votre propre petit coin dans ce monde, cela n'a vraiment pas d'importance si vous n'avez pas le contrôle de *vos* actions, si vous ne savez pas et ne comprenez pas qui vous êtes. Qu'il en soit ainsi. Je vous aime pour toujours, et à jamais.

(Scrutant l'auditoire.) Vous ne pouvez en absorber davantage. Vous avez assimilé de grandes choses et la lumière est en train de se faire. Je suis satisfait de vous. Malgré le très grand nombre de participants et l'inconfort, vous avez appris de grandes choses. Vous les avez acceptées avec l'esprit d'un véritable maître qui embrasse la connaissance et contrôle le changement. Vous avez fait bien du chemin dans l'état de conscience que vous avez créé au cours de cette réunion.

Il n'y a pas de mots dans votre langage courant pour vous dire combien je vous aime. Quand cette session sera terminée, quand nous aurons passé en revue la multitude des événements à venir — que vous pouvez modifier si vous *le voulez* — alors naîtra en vous un sentiment doux et délicieux, plus clair, plus libre et plus compatissant.

Saviez-vous que vous deveniez de l'énergie? *(Il pointe du doigt les caméras vidéo.)* Grâce à ce que vous avez appris aujourd'hui, vous allez devenir une lumière pour tous les peuples du monde, même les gens de la Terre de l'Ours verront ce moment. Sans votre compréhension et votre apprentissage, cela n'aurait pu avoir lieu et cela en dit long sur la qualité des entités rassemblées ici. Je vous bénis et vous aime *tous*.

Je veux que vous sortiez prendre une bouffée d'air frais, de la nourriture en abondance et un verre d'eau cristalline. Ensuite, cherchez un endroit, asseyez-vous et réfléchissez. Restez seul avec ce que vous êtes. Vous en avez besoin. Car dans cette solitude de grandes choses se produiront qui affecteront profondément vos jours à venir. D'accord?

L'auditoire: D'accord.

Ramtha: Quand sonnera cinq heures, revenez ici. Vous serez prêts à en entendre davantage. Qu'il en soit ainsi!

L'auditoire: Qu'il en soit ainsi.

Ramtha: C'est tout.

Samedi, 17 mai 1986
Session du soir

Ramtha, assis sur l'estrade, observe l'auditoire remplir lentement la salle. Quand tout le monde est assis, Ramtha se lève sous les applaudissements et les acclamations.

Ramtha : En effet! Dieux merveilleux, vous avez pleins pouvoirs sur toutes choses! J'en suis heureux! *(Scrutant l'auditoire.)* Êtes-vous reposés?

L'auditoire : Oui.

Ramtha : Vous êtes-vous sustentés?

L'auditoire : Oui.

Ramtha : Avez-vous fait de la contemplation?

L'auditoire : Oui.

Ramtha : De la contemplation, *en effet*. Vous avez comparé... Comment dites-vous?... Vos «notes»? *(L'auditoire et Ramtha rient.)* Eh bien, *qui* a raison en fin de compte?

Mes entités bien-aimées, la plupart d'entre vous ont beaucoup appris, et ils l'ont fait avec une âme joyeuse. Plutôt que d'entrevoir avec tristesse votre lendemain, vous l'attendez avec impatience. Voilà ce que l'on appelle «faire volte-face». J'en suis content. *(Prend son verre et porte un toast.)* Au changement!

L'auditoire : Au changement!

Ramtha : À la vie! Pour toujours et à jamais. Qu'il en soit ainsi!

L'auditoire : Qu'il en soit ainsi.

Ramtha : Dans vos cercles sociaux, on dit que l'histoire se répète. Il y a *une seule* créature au cours de l'histoire qui s'est

répétée et s'est enlisée à force de se répéter et c'est l'entité huma-
noïde, l'Humanité.

La Nature ne se répète jamais, car elle est le continuum de
l'évolution. L'homme, par contre, est en train de devenir plutôt
assommant. Ses attitudes restrictives, où l'amour inconditionnel n'a pas sa place, sont toujours les mêmes et elles lui gaspil-
lent vie après vie. Dans le drame humain, peu importe à *quelle
époque* de l'histoire vous avez vécu, comment vous étiez vêtu,
quels étaient vos moyens de transport ou vos technologies. C'est
votre attitude qui importe. Car ce que vous êtes actuellement —
ce que vous pensez et ressentez aujourd'hui — vous le deviendrez demain.

L'homme — la conscience sociale collective de l'homme —
est terriblement destructeur. Il génère les instruments de sa destruction au cours d'une vie pour revenir en subir les effets au
cours de la suivante. Il encadre ses enfants dans un réseau serré
d'attitudes et ses enfants, qui sont la semence assurant son
retour sur ce plan, lui retransmettront ces attitudes. Mais
l'homme s'éveille lentement de ce rêve qui le tient attaché à la
roue de la vie.

Réfléchissez un instant à votre histoire et à ce que vous avez
appris sur les époques et les civilisations anciennes. Combien
de fois avez-vous vu un pays devenir puissant, puis retomber,
puis redevenir puissant pour retomber à nouveau? Cela s'est
produit maintes et maintes fois. Et cela arrive encore
aujourd'hui.

Un changement dans l'attitude humaine survient quand
une entité arrive au bout de son rouleau et ne veut plus vivre le
drame humain. Elle souhaite échapper au cycle de la vie —
vivre, mourir et renaître — et mettre fin au rêve de la limitation.
Car *c'est* un rêve. Cette entité reprend une fois de plus le contrôle
absolu sur sa vie.

Dans les jours à venir, il n'en tiendra vraiment qu'à vous de
créer votre destinée et d'agir comme une entité qui se sait
l'auteur de sa propre destinée. C'est important pour *toute*
l'humanité. Vous approchez du temps où ce sera même nécessaire pour la survie de tous les dieux endormis dans le rêve

appelé Humanité. Durant les jours à venir, tous les peuples auront besoin de réévaluer les fondements de leur vertu. Cela commence déjà à se produire.

Les religions — qui prêchent un Dieu de jugements à qui il est difficile de plaire, un Dieu qui vous condamne si vous ne suivez pas des règles et des ordres rigoureux — ont toujours constitué une terrible épreuve du drame humain. Depuis des siècles, ces dogmes insidieux provoquent la guerre entre les peuples de votre monde parce qu'ils jugent et condamnent ceux dont la croyance en Dieu est différente. Vous croyez que je parle de l'homme *primitif*? Même en ce moment, il existe partout sur votre planète des révolutions dévastatrices et affreuses, des guerres sournoises que l'on baptise «guerres saintes».

Que peut-il y avoir de *saint* à guerroyer contre la vérité d'autrui?

Saviez-vous que chacune de vos guerres a eu pour cause un conflit de croyances religieuses, un groupe d'entités voulant imposer ses lois et ses règlements à un autre groupe qui avait des normes différentes. Le saviez-vous?

Il se manifestera bientôt une grande polarité et de grands remous à ce sujet, car l'homme commence à s'éveiller et à réaliser que l'important n'est pas de *croire* en Dieu mais de l'*aimer*. Les croyances religieuses sont fragiles, elles n'ont pas le pouvoir de manifestation.

Il n'y a pas de miracle dans la croyance, il n'y en a que dans la *connaissance*. Votre monde s'apprête à vivre la décadence des guerres saintes dans des proportions épiques, lesquelles seront toutes menées «au nom de Dieu». L'heure viendra, maîtres bien-aimés, où une conscience et une compréhension nouvelles secoueront votre terrible indifférence. Cette conscience nouvelle n'a rien à voir avec les dogmes, les règles, règlements ou croyances anciennes qui ont hanté vos cauchemars. Elle doit *tout* à la souveraineté individuelle. Vous qui êtes ici, grâce aux changements que vous manifesterez dans les jours à venir, ferez une grande différence sur ce plan. Il a terriblement besoin de vous.

L'histoire s'est répétée, car vous avez permis que Dieu vous soit enlevé; et en cherchant Dieu à l'extérieur de vous-même, vous l'avez perdu en vous. Vous vous êtes permis de devenir les bâtards de l'univers, la progéniture d'un Dieu quelconque. Vous vous êtes permis de devenir n'importe quoi, à l'exception de divin. Vous avez délibérément troqué votre divinité contre un pouvoir illusoire qui existe loin en dehors de vous. Vous avez cédé aux autres votre divinité et laissé leurs dogmes parler au nom de Dieu.

Qu'est-ce qui vous attache à la roue de la vie? *L'attitude*. Qu'est-ce qui vous garde endormis dans le rêve? *La culpabilité*, le sentiment d'être indignes de voir le visage de Dieu. Vie après vie, vous avez tourné en rond, vous vous êtes fait la guerre et vous êtes morts de terribles maladies: tout cela, à cause de votre culpabilité! Cette heure tire à sa fin. Ce que vous vous êtes laissé enlever est en train de vous revenir.

Je vous apprends à reconnaître le Père qui est en vous, c'est-à-dire à vous accepter *vous-même*, à honorer le plus grand temple qui ait jamais existé, le jardin intérieur où *à tout instant* vous pouvez entrer en contact avec le christ. Ce temple, ce sacrement, cette divinité, ce moi lumineux qui fut *toujours* présent est votre demeure; et cette conscience/compréhension fait pression sur vous tous. Ceux qui s'acceptent et qui acceptent le christ en eux vont créer une énorme polarité sur ce plan; et tous ceux qui font la guerre au nom de Dieu entreront dans une grande bataille qui prendra fin ensuite.

L'étroitesse d'esprit de l'Humanité, ses querelles, sa définition limitée de Dieu disparaîtront avant la fin de la prochaine décennie. La rage qui sévit au Pays Vert prendra fin. Et qu'en est-il du peuple juif, de ses années d'errance et de son retour à la terre qui fut sienne? C'était merveilleux de créer un état pour lui, mais que fait-on des entités qu'il a chassées pour l'habiter, de *leurs* croyances? Où sont *leurs* demeures? Où vont-elles aller? Leur Dieu n'est-il pas en contact avec leur sol et leur temples? Pour eux, il l'est.

La compréhension que Dieu le Père, ce sceptre divin, est en chaque entité rejoint tous les peuples. Même ceux qui se battent encore jusqu'au dernier grain de sable pour leur terre sainte seront atteints par cette compréhension avant la fin de la prochaine décennie.

Lumière, compréhension et sagesse vous sortiront du bourbier et vous élèveront au-dessus des hordes guerrières. Elles vous permettront d'être en paix, où que vous soyez. Mais si vous n'acceptez pas cette compréhension, vous deviendrez les victimes de la Nature en furie, de son mouvement évolutif.

Comprendre que Dieu vit en chacun devient impératif sur votre plan. C'est l'heure du changement pour le drame humain. Ce sont les entités douces et humbles qui sortiront l'humanité de son sommeil. Cette connaissance dépasse les mots, elle ne s'explique que par sa propre pureté. Ceux qui *croient* en Dieu ne sont certains de rien. Ceux qui *savent* que le royaume des cieux est intérieur ont déjà touché la main de Dieu et ont connu une régénération de l'esprit. Cette essence, cette connaissance, cette attitude et cette certitude n'anéantiront pas les religions; bien au contraire, elles les feront réfléchir et comprendre. Les seigneurs de la guerre, les terroristes et les révolutionnaires sont poussés par le dogmatisme religieux; l'heure du changement est proche *pour eux* aussi.

Le changement prochain de l'esprit humain ne masquera pas la lumière de Dieu; il va plutôt la magnifier en éliminant les lois, les menaces, les urgences, les peurs et les intimidations qui ont opprimé des gens merveilleux depuis *des siècles*. Être libre, ce n'est pas seulement cultiver le sol pour assurer sa propre provision de blé; ce n'est pas seulement avoir le bon sens de créer son propre «électrum»; ce n'est pas seulement vivre de façon souveraine. Être libre, c'est aussi savoir que vous êtes toujours imprégnés de la grâce et de l'amour du Père en vous, «Celui qui est», celui qui permet; c'est se *savoir* toujours aimé, savoir que toutes les expériences ont été nécessaires afin de cultiver la compassion et l'amour *de chaque entité*.

Quelle *totale* liberté vous éprouverez lorsque vous saurez que Dieu ne vous a *jamais* jugés; que le Père en vous vous a toujours aimés; que le christ n'est pas seulement Yeshua fils de Joseph, mais qu'il est latent en *chaque* entité du monde *entier*! *Voilà la nouvelle compréhension.*

Hérésie, dites-vous? Vérité! On vous a permis d'être limités et ignorants *parce que* l'on vous aime. Vous croyez que Dieu vous opprime? Jamais. Vous vous êtes opprimés vous-même.

Votre devenir, votre éveil est certain. Si vous quittez ce plan, de l'autre côté de cette vie vous ne trouverez que *splendeur*. Savoir cela, c'est voir venir l'heure du grand passage avec grâce, dignité et joie, plutôt qu'avec chagrin, culpabilité, insécurité et frayeur.

Toutes les entités reconnaîtront bientôt qu'elles se jugeaient elles-mêmes et qu'elles se laissaient juger par d'autres qui désiraient les contrôler. Comme ce sera beau lorsque toutes les entités sauront — quelle que soit la religion ou le culte auquel elles appartiennent (vous appartenez tous à un culte, même si vous n'y croyez pas) — que leur liberté dépend seulement de l'abolition des dogmes. Comme ce sera beau quand les guerriers réaliseront que ça ne vaut pas la peine de se battre «au nom de Dieu», qu'Il n'a jamais eu besoin qu'on se batte pour Lui. Il veut qu'on *vive* pour Lui. Vous saisissez?

L'auditoire: Oui.

Ramtha: Le changement du drame humain est étroitement lié à la conception que chacun a de ses propres croyances, de son propre culte et de ce qu'il en fait. Chacun de vous dans cette salle, individuellement, connaîtrez une rédemption de l'esprit qui vous révélera ce qu'est Dieu. Vos croyances les plus profondément ancrées seront *secouées*, même celles que vous pensiez ne plus avoir. Vous mettrez à l'épreuve votre connaissance de l'amour inconditionnel, de la présence indéniable de Dieu en vous. Vous rencontrerez le Christ et le visage du Christ sera le vôtre. Tous les «messagers» à venir sont sacrés et merveilleux, car ils refléteront ce que vous êtes vraiment. Ce sont peut-être les plus grands «messagers» de tous, car lorsque vous saurez de façon *absolue* qui et ce que vous êtes, vous posséderez une liberté totale et vous serez des entités humbles, *parfaitement* souveraines.

Durant les jours à venir, d'ici la fin de cette décennie, les guerres saintes atteindront leur point culminant, puis elles s'évanouiront aussi rapidement qu'elles avaient surgi pour asservir les peuples de ce plan. Alors seulement la paix régnera dans le

Saint-Orient, l'Europe — et même dans votre pays où les religions et les cultes sont multiples et vous agressent pour vous amener au repentir. Vous repentir de *quoi? De vivre?*

Religions et dogmes tirent à leur fin. Ce qui s'en vient n'est pas une vérité collective mais *individuelle.* La souveraineté sera alors absolue. Ces jours sont ceux des précurseurs pacifiques de la Supraconscience. Qu'il en soit ainsi. *(Prend son verre et porte un toast.)* Au Père qui est en vous, pour toujours et à jamais. Qu'il en soit ainsi!

L'auditoire: Qu'il en soit ainsi.

Ramtha: L'homme change, mais il ne délaisse pas la tradition complètement; il se débarrasse plutôt de *son esclavage* à la tradition. Il avance d'un pas énergique et pénètre dans une ère de joie, de gaieté et d'exaltation. C'est ce que vous appelez «le bon côté» des jours à venir.

Après les «messagers», les visions et l'acceptation, il n'en tiendra encore qu'à vous de déterminer ce que vous voulez faire et jusqu'où vous voulez aller — ou jusqu'à quel point vous voulez *demeurer sur place.* Certains d'entre vous parcoureront une grande distance et d'autres, une *courte* distance. Mais sachez qu'à travers tous les changements qui se préparent — la terre qui tremble et se transforme, la mort des seigneurs de la guerre, la renaissance de nouveaux principes, de la dignité et des droits de tous — la destinée individuelle se crée à chaque instant, selon votre attitude et la façon dont vous percevez ces changements futurs.

Beaucoup périront au cours des jours à venir parce qu'ils n'auront pas changé leur attitude. Ils n'oseront pas affronter, accepter et effacer leur moi limité pour sortir du rêve qui les a contraints à la répétition vie après vie.

Aucune entité, aussi remarquable soit-elle, ne peut changer votre attitude *à votre place.* Votre attitude, c'est *votre* «volonté de Dieu». Si vous choisissez de vous en tenir à des choses sans importance, de ne pas vous préparer et de ne pas prendre soin de vous-même dans l'humilité, vous périrez dans les jours à venir. Et sachez que vous aurez choisi ce destin, parce que vous le désiriez.

S'il le veut, l'Homme peut éviter toutes les guerres. S'il le veut, il peut faire face à tous les défis, embrasser tous ses frères, où qu'ils soient, être un pacificateur et se guérir lui-même. S'il le veut, l'Homme peut vivre.

Les jours qui viennent seront ceux du noir et du blanc; il n'y aura pas de gris. Ou bien on sera au cœur du changement et on créera intérieurement, ou on disparaîtra avec ce qui est ancien et on sera oublié à jamais. Il en est ainsi. Ces jours ne sont pas ceux de l'indécision, mais ceux de *l'action*.

Il y en a beaucoup dans cette assemblée qui passeront à l'action, et j'en suis ravi. Ceux qui agissent sont des dieux en manifestation. Tout ce qu'ils doivent *savoir, c'est comment savoir*, et ils agiront. Il y en a qui ne peuvent abandonner leurs croyances, dogmes, bigoterie, préjugés, insécurité et culpabilité. Ils ne verront pas la Supraconscience parce qu'ils n'auront pas tempéré leur orgueil. Et c'est bien ainsi. La mort n'est pas une chose affreuse. Vous êtes en droit de choisir ce que vous voulez faire, mais sachez que c'est votre choix et assumez-en toute la responsabilité. Vous êtes aimés, indépendamment de ce que vous faites; vous l'avez *toujours* été. Vous ne pouvez imaginer combien vous avez été protégés afin de vous empêcher de vous détruire vous-même.

C'est l'instant crucial du réveil. L'attitude des peuples du monde commence maintenant à bouger. Les jours à venir et les changements naissants conduiront à un royaume nouveau, à une compréhension nouvelle, en un endroit que j'appelle «Supraconscience». Mais dans l'immédiat, non seulement il est important que vous écoutiez, mais vous devez aussi embrasser émotionnellement ce nouveau réveil et avoir le courage et l'humilité suffisants pour le comprendre. La Nature continuera à changer malgré vous. *Votre marge de manœuvre est votre altitude*, et elle est toute à vous. Ce que vous changez a un effet sur le tout. C'est ainsi que *vous* pouvez faire la différence. Que vous vous rendormiez ou que vous viviez et affectiez l'humanité tout *entière* dépend de vous. Vous comprenez?

L'auditoire : Oui.

Ramtha : On vous appelle des penseurs du «Nouvel Âge», n'est-ce pas ? *(Rires de Ramtha et de l'auditoire.)* Je suis heureux que vous pensiez ! Soyez en paix avec ce que vous êtes, ce que vous faites et ce que vous éprouvez. Comprenez que c'est pour le Père qui est en vous et que vous êtes dans un processus d'éveil. Je vous en conjure, ne vous laissez pas détourner de votre connaissance. Il vous serait *aisé* de recommencer à l'ignorer et de vous rendormir si quelqu'un vous disait que vous étiez dans l'erreur ! Vous n'êtes *jamais* dans l'erreur quand vous *sentez* qu'une chose est bien. Jamais !

Soyez une lumière pour le monde entier. Appréciez la vie. Apprenez à aimer tout le monde puisqu'ils sont tous le Père.

Je vous aime. *(Prend son verre d'eau et porte un toast.)* Aux penseurs du Nouvel Âge !

L'auditoire : Aux penseurs du Nouvel Âge !

Ramtha : Je veux que vous ressentiez et acceptiez ce que je viens de vous dire et que vous y réfléchissiez. Le sujet de cet enseignement portait sur ce que l'on appelle la liberté et l'amour de Dieu pour vous. Cette connaissance *inconditionnelle* en guérira plusieurs dans cette salle qui sont malades. Elle guérira ceux qui sont sans joie. Elle répondra aux questions et apportera une compréhension nouvelle dont vous avez tous besoin. Cet enseignement engendrera un nouveau lendemain. Qu'il en soit ainsi. C'est tout.

(Ramtha s'apprête à partir et un homme crie : «Nous vous aimons !»)

J'en suis digne, entité ! *(Il rit. L'auditoire applaudit.)* Quand vous pourrez me dire cela et le ressentir, vous aurez alors touché votre lumière et votre amour *personnels* ; parce qu'*après tout*, je ne suis qu'un grand miroir. Qu'il en soit ainsi. Je vous verrai dans vos rêves. C'est tout !

Dimanche, 18 mai 1986
Session du matin

Ramtha, assis sur l'estrade, observe les gens qui entrent dans la salle. Quand ils ont tous pris place, il les regarde affectueusement, descend et se mêle à eux. Il avance lentement, s'arrêtant pour toucher et parler à certaines personnes. Tous le regardent intensément tandis qu'il fait le tour de la salle.

Ramtha (s'adressant à une femme qui est debout près de l'estrade): Je désire vous aider, vous et votre famille, à trouver votre propre joie et la signification de votre vie. Tout deviendra très clair bientôt. *(Se dirige vers un homme et pose la main sur son épaule.)*

L'homme (chuchotant): Je veux être sûr de prendre la bonne décision. Je veux savoir où je dois être.

Ramtha: Ne le savez-vous pas?

Homme (bougeant la tête): Non.

Ramtha: Vous le saurez.

(S'arrête devant une vieille dame assise dans un fauteuil roulant.) Savez-vous que vous avez aimé davantage dans ce fauteuil que la plupart des gens qui peuvent marcher et courir. Un jour, Madame, vous vous lèverez de ce fauteuil, je vous l'affirme. *(Il lui baise la paume et le dos des mains.)*

La vieille dame: Merci, merci.

Ramtha: Sachez-le, tout simplement.

(Va vers une femme qui sourit.) Vous avez un merveilleux visage — parce qu'il rit beaucoup. *(L'auditoire s'esclaffe.)*

(Il s'adresse à toute la salle.) Un jour viendra où vous saurez vraiment combien vous êtes beaux. Il vous reste à le découvrir en vous-même. Comment pourriez-vous l'avoir déjà fait? Vous

êtes noyés dans une multitude de problèmes, d'inquiétudes et d'espérances qui ne sont que des illusions. *(Se dirige vers une jeune femme enceinte.)*

La femme (au bord des larmes): Voudriez-vous bénir mon enfant?

Ramtha: En effet. *(Il se penche, place ses mains sur le ventre de la femme et, sans un mot, bénit l'enfant à naître.)*

La femme: Merci.

Ramtha: Réjouissez-vous, Madame, le fruit de vos entrailles est une grande entité; tous ceux qui arriveront à l'avenir seront de grands maîtres. Ce qui a blessé votre génération et toute l'humanité ne touchera pas cet enfant — ni maladie ni guerre ni discrimination ni misère. Votre enfant connaîtra la tranquillité d'esprit, il sera humble dans sa divinité. Réjouissez-vous.

La femme (en pleurs): Qu'il en soit ainsi.

Ramtha: Et il en sera ainsi.

(Il s'adresse à toute la salle.) Qu'est-ce que la beauté? Elle n'est pas sur la peau, elle émane de l'intérieur. Votre peinture, vos couleurs et votre minceur ne vous rendront jamais beaux. Ce que *vous* êtes fait ressortir votre beauté. Vous devez faire mûrir cet état d'esprit. Ceux qui assistent à mes audiences apprendront à propos de cette beauté-là. Beaucoup m'aiment et pensent que je suis beau; ils n'ont toutefois jamais vu mon visage. Il en est de même pour vous. Vous ne vous êtes jamais *vus* vous-même. Un jour vous le ferez. Alors vous saurez ce que j'aime en vous par-dessus tout.

(S'adresse à un homme qui se tient près du mur.) Peu importe qui je suis. Ce qui importe c'est d'acquérir la compréhension de qui *vous* êtes. C'est indiscutable. Et cela, vous l'apprendrez sûrement.

(Il marche vers une dame aux cheveux blancs.) Quand vous en aurez terminé avec tous les professeurs, tous les guides spirituels et tout leur matériel, vous découvrirez que personne ne sait mieux que vous, que la vérité était en vous depuis toujours.

La femme: Je crois que je commence à m'en rendre compte.

Ramtha: Vous en aurez besoin. Qu'il en soit ainsi.

(Il s'adresse à une jeune femme.) Je vous aime, Madame. Dans les jours à venir, vous me trouverez souvent près de vous et de vos merveilleux enfants, plus souvent que jamais auparavant.

La jeune femme : Je vous aime. *(Ils s'étreignent chaleureusement, puis Ramtha se dirige vers un homme assis près de l'allée.)*

Ramtha : Maître, je désire que vous sachiez combien je vous aime. Je vous ai observé et je vous ai vu vous détacher de la vie. Je vous ai vu effrayé et insécure ; j'ai vu que vous vouliez écouter et que vous ne vouliez pas écouter. Je vous aime et vous aimerai toujours. Un jour viendra où, en vous levant le matin, tout sera très clair. Toutes les illusions auront disparu et vous aimerez ce que vous êtes ! Vous ne permettrez jamais à cet amour de vous-même d'être détruit, ni par vous ni par un autre. Peu importe ce que vous avez pu faire avant, c'est qui vous êtes et ce que vous êtes maintenant qui importe. Le vent dispersera ces feuilles de papyrus pourries sur lesquelles est consigné le passé. Tout ce qui importe, c'est l'émotion et la sagesse qu'il en reste. Voilà le plus grand trésor qui soit. Avant toute chose, vous devez apprendre combien vous êtes beau. *(Très ému, l'homme acquiesce de la tête. Ramtha lui embrasse les mains et se dirige vers un autre homme à l'air grave et préoccupé.)*

Peut-être est-ce que mon enseignement vous bouscule. Mais, maître, je ne suis pas venu ici pour vous convertir ou gagner votre amitié, je suis déjà votre ami. Je vous aime.

L'homme (approuvant) : Je le sais.

Ramtha : Il est souvent difficile de simplement comprendre que nous sommes les auteurs de nos réalités et de comprendre ce qui se passera dans la Nature dans les jours à venir. C'est difficile, je le sais, mais cette compréhension est la base et le principe mêmes de ce vers quoi nous devons inévitablement retourner, nus dans notre compréhension et dans notre abandon, heureux des expériences passées qui nous ont mûris, qui nous ont fait accepter complètement ce que nous sommes. Je vous aime et vous aimerai toujours.

L'homme : Je vous aime et je vous aimerai toujours.

Ramtha : Soyez heureux.

(Ramtha a fait le tour de la salle et il est de retour près des micros de l'estrade. Il tient la main d'une femme très émue.) Vous avez fait de grandes choses pour l'humanité; vous l'ignorez encore, mais vous l'avez fait. Il suffit d'une seule entité qui sait avec conviction. Madame, dans les jours à venir, je serai le vent qui souffle dans votre dos et ceux qui vous ont combattue et jugée ne vous critiqueront plus. Restez ferme.

La femme (pleurant de joie et de soulagement): Je le serai, je le serai. Je veux aller où vous êtes.

Ramtha: Vous y serez. Vivez dans la joie, entité.

La femme: Je le ferai.

Ramtha (prenant la main d'un homme assis près d'elle): Vous pouvez escalader le plus haut sommet ou bien descendre dans la vallée la plus profonde, vous pouvez chercher partout ce maître inconnu qui sait tout, guide et prend soin de tous, mais peu importe où vous irez et qui vous rencontrerez, peu importe s'ils sont brillants dans leurs discours et sages dans leurs conseils, vous ne trouverez jamais ce que vous cherchez. Parce que personne ne peut vous donner l'amour, la sagesse et la vie exemplaires que vous pouvez vous-même *vous* donner. Et vous n'avez nulle part à aller pour trouver cela. *(Il embrasse les mains de l'homme.)* Vous n'avez rien à faire, pas d'exercice, pas de psaume, pas de vie austère, pour entrer en contact avec ce que vous êtes. Vous n'avez qu'à le vouloir. Alors le chemin sera court. Aimez ce que vous êtes. Ne limitez pas vos possibilités. N'affrontez pas les autres et ne vous battez pas. Ne mesurez pas votre grandeur aux agissements des autres. Personne n'est plus grand que vous et le Père qui est en vous — un christ impeccable. Vous saisissez?

L'homme: Oui.

Ramtha: Vivez votre lumière afin qu'elle soit plus brillante que le soleil levant. Ainsi, vos jours seront remplis de chaleur et de splendeur et vos vallées seront grouillantes de vie.

L'homme: Qu'il en soit ainsi.

(Ramtha descend l'allée et s'arrête devant une femme qui porte une jolie robe bleue.)

Ramtha: Madame, alors que d'autres ont fui parce qu'ils croyaient que j'étais sujet à controverse, vous avez tenu bon.

Quelle grande dame vous êtes. Restez ferme. J'ai des projets pour vous.

La femme : D'autres projets ?

Ramtha : En effet, et de *grandioses.*

(Se tourne vers une très belle femme qui le regarde intensément.) Il faut, peut-être, bien du temps avant de lâcher prise ; mais il faut plus de temps encore avant de pouvoir vivre sa propre vérité en dépit de la conscience sociale. Quand tous veulent vous voir faire telle ou telle chose, il est très difficile d'être souverain, de tenir bon, de les aimer quand même et de leur permettre leur vérité. Mais en acceptant et *en vivant* ensuite la connaissance, vous *pouvez* vous élever vous-même.

Vous êtes tenace. Vous revenez parce que vous n'avez pas encore compris, mais vous comprendrez, entité. Peu à peu, la compréhension vient, la noblesse de l'esprit apparaît et la force de vivre croît d'elle-même.

Envisager de quitter ce plan est une parodie. Pour voir les jours à venir dans toute leur gloire ainsi que les changements qui élèveront ce plan, vous devez *vivre.* Je suis heureux que vous vous efforciez de « devenir » et pour cela, je vous aime. Qu'il en soit ainsi.

(Regarde une femme dans la rangée suivante.) Vivez selon votre conscience, non pas suivant ce que les autres disent. Vous comprenez ?

La femme : Oui.

Ramtha : Suivez vos *émotions. (En riant.)* Mais ne vous perdez pas en chemin.

(Il s'adresse à toute la salle.) Je vous aime. *(Il monte les marches de l'estrade.)* Je vous aime. Vous êtes plus grands et m'êtes plus chers que vous ne pouvez l'imaginer. Je serai toujours le vent autour de vous. Vous qui prenez à cœur cette vérité et cette connaissance et vous libérez de ce qui limite la splendeur de votre devenir, vous verrez les jours à venir ; un grand vent vous y transportera. Vous êtes mes frères. Vous avez déjà fait partie de mon armée.

Vous êtes la raison pour laquelle je suis revenu séjourner ici. J'attends l'heure où vous *saurez* qui vous êtes. Je vous ai enseigné et répété plusieurs fois une vérité *très très simple*, et j'attends votre réveil. Vous êtes l'espoir du monde. Vous l'ignorez, mais vous l'*êtes*.

Où se trouve celui qui peut embrasser et aimer tous les peuples du monde sans se soucier de leur foi, de leur idéal politique ou de leur histoire? Où est-il celui qui peut les aimer et leur *permettre* d'être? Permettre, c'est nourrir une paix inconditionnelle. Là où il y a paix, il y a joie; et là où se trouve la joie, il y a Dieu dont on s'est souvenu, que l'on a embrassé.

Que vaudrait la vie si vos expériences passées étaient sa seule signification. Il y a plus; mais vous *stagnez*, vous vous répétez sans cesse et vous n'évoluez pas comme le fait la Nature. Il y a tellement plus dans votre cerveau qui ne fonctionne qu'à un tiers de sa capacité. Quand vous vous ouvrirez à cette compréhension et accepterez ce que vous êtes, vous apporterez au monde entier son plus grand espoir et sa plus grande révélation.

(Il regarde l'auditoire avec tendresse.) Je vous aime. Il y a de la *noblesse* en vous; il y a une divinité illuminée.

Les jours à venir sont truffés de changements qui vous affecteront tous. Mais où vous en êtes dans la découverte de vous-même est bien plus important que le futur.

J'aime marcher avec vous, être présent dans votre sommeil, vous regarder dans les yeux, toucher votre peau et vos cheveux délicats, parler à votre âme. Bien que vous soyez très nombreux, pour moi chacun de vous est unique, magnifique et chacun de vous est Dieu — et Dieu est ce que j'aime, ce que je suis, ce que je vois en chacun de vous. Le but de cet enseignement n'est pas seulement de vous préparer aux jours à venir. Je veux aussi semer en vous le germe de la découverte et vous aider à *croître*. Ces jours à venir et tout ce qu'ils annoncent ne forment que la toile de fond de la scène sur laquelle vous allez terminer votre pièce. Lorsque, un à un, vous commencerez à vous réveiller, à prendre conscience, à accepter et à savoir ce que vous êtes, alors vous serez libres, aussi libres que le vent.

Ceci n'est pas, selon votre expression, un «mot d'encouragement». C'est la plus profonde de toutes les vérités. La technologie ne vous aidera pas beaucoup dans ce voyage de découvertes qui se fera à l'intérieur de vous-même, à la recherche des régions inexplorées de votre identité. Vous devrez faire acte d'humilité et enlever *une à une* toutes les limitations, les nuages, toutes les couches de votre identité limitée jusqu'à ce que vous trouviez la lumière intérieure et entendiez la voix qui vous parlera d'une tranquille et sublime émotion. C'est Dieu! Quand vous y serez parvenus, vous serez arrivés à destination.

Beaucoup parmi vous doutent de ce que je suis. Ils agissent de la sorte pour faciliter la découverte de ce qu'ils sont — parce que je leur rappelle qui ils sont. C'est très bien. Ça ne me fait aucun mal, je ne connais pas le mal. J'aime, c'est tout. Donc, ça n'a pas d'importance pour moi. Dans les jours qui viennent, *vous* devrez vous soucier de *vous-même*. Je *sais* qui et ce que je suis, c'est-à-dire toutes choses. Il est temps maintenant pour vous de savoir qui *vous* êtes.

Quand je vous ai demandé quels étaient vos désirs (sachant très bien ce qu'ils vous apporteraient à la fin), je les ai *tous* exaucés parce que c'est ce que vous *souhaitiez* expérimenter. Pouvais-je vous dire: «Ne désirez pas cela»? Croyez-vous qu'un dieu vous dirait cela? Impossible! Il vous *l'accorderait*. Il sait que, grâce à cette expérience — et à la sagesse de cette expérience —, vous vous réveillerez. Il sait que l'expérience de ce désir et, bien sûr, le rêve lui-même vous *appartiendront*. Comprenez-vous?

J'ai fait beaucoup de choses pour plusieurs entités; j'ai exaucé tous leurs rêves. Et ensuite, quand ces rêves se sont réalisés, j'ai également porté le blâme pour toutes les conséquences et toutes les misères. Je suis un dur! *(Rires de l'auditoire.)* Vous vous réveillez péniblement, en vous apercevant que vous êtes responsables de votre propre réalité, en ressentant cela violemment, et vous voudriez fermer de nouveau les yeux et dire: «Je ne veux pas aller plus loin. Tout est de votre faute.»

Je vous ai tous défiés dans cette salle. Je vous ai parlé d'une vérité individuelle et indiscutable qui vit en chacun de vous. Il arrivera un moment où elle jaillira tout à fait. Alors, vous ne blâmerez ni n'accuserez plus personne. Vous l'accepterez dans sa totalité et direz: «Je l'ai *voulu* ainsi. *Je* l'ai choisi.» Comprenez-vous? Mais en ce moment, vous êtes comme des petits enfants. Si quelque chose ne va pas, vous accusez. Si vous tombez et vous faites mal au genou, vous pleurez à chaudes larmes. Mais il viendra un temps où vous grandirez et où vous serez de l'autre côté du rêve. Et c'est ce temps que j'attends.

Plusieurs sessions sont prévues et vous vous demandez: «À laquelle dois-je assister?» Je ne les ai pas créées pour que vous ayez à assister à chacune d'elles. Ce qui y est dispensé est une sagesse qui doit vous rouvrir les yeux et vous permettre de retourner à la source. Le jour viendra où vous vous serez réveillés et aurez tout compris, parce que vous aurez réalisé que vous avez tout créé. Vous aurez pris conscience de votre *pouvoir*. Qu'aurai-je alors besoin d'ajouter, dites-moi? Je serai venu et j'aurai été un miroir pour vous. Un jour, vous n'aurez plus besoin de miroir. Et vous serez face à une immensité de vie inexplorée, face à votre royaume des cieux. Vous rentrerez un à un dans la Demeure où je suis — et c'est déjà toute une aventure. En attendant ce jour, je serai ici pour vous instruire — pas pour être adoré — et pour forcer vos esprits fermés à se réveiller. Peu importe ce qu'il en coûte, de la terre qui tremble aux fourmis qui courent sur vos comptoirs, je le ferai parce que vous l'avez désiré.

Je vous aime. Il ne peut pas y avoir d'amour véritable entre un maître et un disciple. Le plus grand amour, l'amour inconditionnel, n'existe qu'entre égaux et je suis votre égal. Votre *égal*, vous saisissez?

L'auditoire: Oui.

Vous n'imaginez pas quelles barrières temporelles et dimensionnelles a dû traverser ce miracle. Vous le prenez pour acquis mais réfléchissez un instant à la maîtrise, au contrôle et à la puissance qui m'ont permis d'être ici avec vous, de vous parler d'égal à égal, dans votre *étrange* langage populaire. J'ai dû bousculer votre temps pour être avec vous, marcher et parler avec vous et vivre des émotions avec vous. Cela est un cadeau précieux. Je vous aime. Qu'il en soit ainsi. *(Il prend son verre d'eau et porte un toast.)* À la vie. Car la vie, *telle qu'elle est*, témoigne de

Dieu et elle durera toujours, et toujours, et à jamais. Qu'il en soit ainsi !

L'auditoire : Qu'il en soit ainsi.

Ramtha : Je vous ai écoutés, je sais ce que vous pensez, et je dois maintenant dissiper quelques malentendus. Je n'ai pas dit que des tremblements de terre feraient basculer le monde dans le néant. C'est pourtant l'interprétation qu'une entité a donnée à mes paroles. J'ai dit que de nouvelles terres apparaîtraient.

Je m'explique : le « cercle de feu » est *dans* l'océan Pacifique. La zone littorale du Pacifique est traversée et entourée par une faille.

Il y a une longue fissure qui serpente au fond de l'océan Pacifique ; et dans la fissure il y a une sorte de plaie envenimée, une plaie qui ne guérit pas. C'est grâce à un processus de régénération que de nouvelles masses terrestres émergent du fond de l'océan et se déplacent vers l'est et vers l'ouest. Au-dessus de l'équateur, elles se déplacent vers le nord-est et le nord-ouest.

De cette terre nouvelle naîtront un jour de nouveaux continents, de nouvelles îles, de nouveaux canaux. Le Mexique et la Californie font une ballade vers le nord. *À chaque instant*, de nouvelles plaques surgissent du fond de l'océan Pacifique. Elles font pression sur la fermeture éclair et cette pression déplace la masse terrestre *peu à peu* vers le nord, par mouvements *imperceptibles*.

Certaines entités qui vivent au-dessus de cette fermeture éclair ont une attitude suicidaire et volontaire. Savez-vous ce que « attitude suicidaire et volontaire » veut dire ? Ces entités défient la Nature ; leur attitude est à contre-courant de la vie. Elle *intensifie* l'énergie qui se trouve autour de cette fermeture éclair, elle précipite et aggrave la dévastation qui aura lieu. Ce sont des dieux qui portent atteinte à la Nature. Ils manifestent l'instrument de leur propre anéantissement. C'est leur choix ; ils le *veulent* et ce n'est pas un mal.

Parlons de la côte Est. J'ai entendu une entité dire ouvertement : « Naturellement, vous savez, la Floride est lentement submergée. » Elle l'est. Elle permet à l'océan Atlantique, *lentement mais sûrement*, de s'infiltrer sous sa « croûte » et de remonter à travers sa masse terrestre. Ce processus, qui est commencé depuis un bon moment, *continuera*. Ceux qui ont construit leur habitation dans cet État — ou pays, peu importe le nom que vous lui donnez — ne sont pas en danger d'immersion, mais ils risquent de grandes souffrances dues à la fureur des éléments que déchaînera la Nature. Ils se sont eux-mêmes mis dans cette situation; c'est leur choix et ce n'est pas un mal.

Maintenant, à propos de l'eau empoisonnée de l'État de la Nouvelle-Angleterre: elle est *perfide*. Des entités y boivent leur propre urine, leur propres déchets. À cause du développement industriel de l'endroit, on empoisonne aussi l'atmosphère. Quand la pluie tombe, elle est pareille à un verre de poison, elle est toxique. La terre est à ce point contaminée qu'elle ne filtre pas adéquatement la pluie. Vos forêts et vos poissons sont détruits par l'eau de pluie. Vos déchets industriels tuent les créatures qui vivent dans l'eau salée de vos océans. Cette situation perdure depuis longtemps déjà. Les entités de cette région prennent des risques en continuant de manufacturer parce qu'il leur semble important que l'industrie survive; elles ne se soucient pas de l'environnement qui les fait vivre. Des changements s'annoncent, car j'aime les bois colorés et l'incomparable poisson qui prend la couleur d'une perle lorsqu'un rayon de soleil le caresse. Préparez-vous à la réaction de la Nature, dans les jours à venir, vous qui vivez dans ces états en particulier.

Une autre conversation que j'ai entendue dans la chambre d'une entité tournait autour de la question: «Où aller?» Ça vous dit quelque chose? *(Tout l'auditoire rit.)* Grosse question: où aller?

Depuis fort longtemps, suivant votre mesure du temps, j'ai conseillé aux entités de quitter les côtes de l'Atlantique et la Nouvelle-Angleterre et de mettre le cap sur l'Ouest. J'avais de bonnes raisons. Beaucoup d'entités ont suivi mes conseils, ont déménagé et ont trouvé dans l'Ouest une vie qui les a régénérées.

Si pour *d'innombrables* raisons vous ne pouvez pas quitter la côte Est, vous éprouverez un soulagement passager en entendant ce qui suit et en attendant que vous ayez accepté la totalité de mon enseignement: Restez, mais *ne vivez pas dans les villes*. N'y vivez pas parce que, dans les jours qui viennent, elles seront infestées de maladies qui se seront propagées dans les conduites d'eau. Quand la sécheresse sera là, il y aura des assassins dans les rues qui voleront le contenu de vos placards et qui vous tueront pour un croûton de pain. Ce seront effectivement des endroits *dangereux*. Si vous ne pouvez déménager vers l'Ouest, je vous conjure de sortir des villes et de trouver un terrain à la campagne. Si votre terrain n'a que la superficie suffisante pour une belle pelouse et quelques fleurs, retournez la terre et plantez des *légumes*. Où que vous viviez, je vous recommande la *prudence*. Trouvez votre source et testez-la. Ne prenez *rien* pour acquis. Devenez souverains. Reconnaissez vos propres progrès. *Sachez* ce que vous faites.

Où sont les meilleurs endroits pour vivre? Le Nord-Ouest. J'y ai envoyé plusieurs personnes, parce qu'il y pleuvra même durant la sécheresse. Et là-bas, grâce à la température des courants locaux, la pluie sera pure. Aucun poison ne s'est abattu sur les forêts de conifères pour les détruire. Les poissons remontent toujours allègrement les cours d'eau. Les buissons et les mûriers sauvages produisent toujours leurs délicieuses et succulentes baies. Les bois sont à l'état sauvage, ils regorgent de gibier et de ressources nutritives. Là, vous pouvez boire l'eau qui jaillit de la terre, vous laver les cheveux dans une rivière. C'est l'eau la plus pure qui soit.

Si vous vivez dans le «Midwest», c'est parfait. Mais vivez où il y a beaucoup d'arbres. Vivez où l'eau n'est pas polluée, où vous pouvez l'extraire du sol. Vivez où le sol est extrêmement fertile pour produire de la nourriture.

Dans les jours à venir, les orages qui précéderont le manque de pluie occasionneront d'énormes ravages à travers le Nord-Ouest. Il existe déjà une pénurie dans le «Midwest», pas seulement en matière de nourriture mais également en ressources. Là, plus particulièrement, devenez *tout à fait* souverains.

Ceux qui vivront dans le «Midwest» jouiront très amplement de la lumière du soleil. Je vous conseille et vous presse de vous munir de convertisseurs solaires et de piles électriques. Faites-le! Ils produiront l'énergie qui vous permettra de survivre.

Et si vous devez pomper votre eau, ils actionneront votre pompe. Si vous ne pouvez pas faire ça, munissez-vous d'un moulin à vent. J'y soufflerai de grandes rafales.

Parlons nourriture. Vos commerces regorgent de nourriture conservée dans le métal et autres contenants du genre. C'est très astucieux et très indiqué en l'occurrence. Achetez-en autant que vous pouvez. Plantez des potagers. Si vous ne savez comment faire, *trouvez quelqu'un* qui vous apprendra. Ces outils de survivance vous aideront à tout surmonter alors que d'autres entités tomberont comme des mouches. Pour tout cela, *dépêchez-vous*. Apprenez à produire votre propre viande et à la conserver. Apprenez à puiser votre eau. Apprenez à traire vos vaches. Vous allez en avoir besoin. N'est-ce pas? *(L'auditoire approuve.)* Quant à vos vêtements, conservez-les.

Je m'adresse maintenant aux entités qui vivent en Californie. De quel côté de la fermeture éclair êtes-vous? Si vous êtes au bord de la mer, vous aurez des problèmes. Si vous êtes sur le côté de la faille qui s'étend vers l'est, vous serez alors dans un endroit exceptionnel. Ceux qui vivent entre la fermeture éclair et la côte se trouveront dans une position désastreuse dans les jours à venir. Bien que vous ayez planté de magnifiques pelouses, je vous conseille, je vous exhorte avec amour de planter un potager et de prendre soin de vous-même — pour votre propre bien et pour celui de votre famille. Si vous ne pouvez pas quitter l'endroit où vous êtes — pour de nombreuses raisons qui, soi-disant, vous en *empêchent* —, comprenez que vous êtes dans une situation très précaire.

Le long de la côte californienne, particulièrement en ce moment, essayez de trouver votre source et de faire analyser l'eau. Une fêlure s'est produite dans vos réacteurs nucléaires, non loin de là, et ils empoisonnent le sol. Vous ne saviez pas *cela*. Si vous pouvez quitter l'endroit où vous êtes, faites-le. Si cela implique d'aller de l'autre côté de la fermeture éclair, *faites-le*. Il y a une *grande* étendue d'eau à la frontière de votre état et de l'Arizona. Connaissez-vous cet état? L'eau souterraine à cet endroit est extrêmement pure. Là, vous pourrez arroser et récolter et commencer une vie nouvelle. Tout dépend de vous.

Si vous habitez sur la plage, vous devez comprendre ce qui se prépare. Sachez-le! Si vous êtes résolu à rester, *faites-le en toute connaissance de cause*. Car, à chaque heure, la pression se fait plus forte sur la fermeture éclair et il y aura un tremblement de terre *magnifique* qui libérera suffisamment de pression pour réajuster un continent tout entier. Il y a une montagne majestueuse dans le nord. Elle a été baptisée du nom d'une déesse. Elle s'appelle Helen. La connaissez-vous? Elle était parfaitement symétrique. Elle était captivante à contempler. Plusieurs se sont sentis attirés par cette merveilleuse énigme. L'entité est devenue très utile quand elle s'est autodétruite. Elle a fertilisé le sol et a sauvé votre pays une fois de plus. Elle continue de se détruire elle-même afin de libérer la pression provoquée par les changements de la Nature.

Aimez-vous vous-même et comprenez ceci: il est fou celui qui contemple la sagesse et s'en moque. Faites preuve de mobilité, faites quelque chose. Si vous n'êtes pas en mesure de déménager, faites ce que vous pouvez où vous êtes. Soyez bons envers vous-même.

Il y a ceux pour qui tout ceci est absurde et ils préféreront l'ignorer. C'est très bien. C'est leur choix. Ils feront ce qu'ils voudront. Comprenez bien cela.

Les entités qui demeurent plus au nord sont dans un très bel endroit, c'est certain. Mais je leur recommande à toutes de ne pas construire leur maison au bord de l'eau. Ce ne serait pas prudent. Il leur est conseillé d'aller plus loin vers l'intérieur, près de points d'eau fraîche, et de trouver des terres fertiles. Là, elles pourront vivre à jamais, car même au cœur des hivers les plus durs, ce seront des endroits idylliques. Ce sont les vestiges de ma terre natale.

Avec la sagesse et la connaissance, vous *saurez* ce qu'il faut faire. Et si la Nature, dans toute sa splendeur, décidait de ne pas déployer son «moi» resplendissant en créant des taches solaires, ce que vous aurez fait sera quand même *merveilleux*. Vous aurez bouclé la boucle: du dieu souverain qui est descendu sur ce plan à un homme limité et de l'homme limité à l'homme s'éveillant à la *souveraineté suprême*.

Est-ce si épouvantable d'avoir à remplir votre garde-manger? Est-ce si redoutable de vous asseoir devant un maigre repas en sachant que c'est le fruit de votre énergie, que vous l'avez créé? Parce que, en vérité, il aura meilleur goût et sera beaucoup plus nutritif que tout ce que vous avez jamais acheté au marché.

Qu'y a-t-il de si terrible à se préparer? Les fourmis sont perpétuellement en préparation, à chaque saison de chaque année. Saviez-vous qu'elles ont survécu à votre grande ère glaciaire? Saviez-vous que toutes les espèces animales capables d'hiberner et de se préparer y ont survécu et survivent à ce jour? Je parle ici d'une souveraineté planifiée, car si vous y renoncez vous serez bien en peine, réduits à mendier et à quêter aide, argent et pain auprès des autres. On ne devrait jamais vivre dans l'austérité; on devrait pouvoir vivre en toute liberté.

(Il se dirige vers les fleurs et les admire.) J'aime les fleurs, je les trouve magnifiques. Je les ai vues évoluer. Je vous ai observés en créer de nouvelles espèces. Tout cela me *réjouit.* Je n'avais jamais vu une rose comme celle-ci de mon temps. Les roses, à mon époque, étaient rares et clairsemées et leurs pétales odorants et sauvages n'étaient pas aussi fournis que ceux des espèces nouvelles.

Il y a beaucoup à dire en votre faveur. Vous avez fait beaucoup de choses qui vous ont emprisonnés dans une vie limitée, mais vous en avez aussi accompli de bien grandes. Vous êtes de merveilleux créateurs.

Maintenant, en résumé, la seule chose nécessaire est de *vouloir* recréer votre vie. C'est tout. Tout comme vous avez créé cette entité sublime et odorante à partir d'une rose sauvage, vous pouvez *maintenant* accomplir la même chose avec votre vie. Vous avez tous la capacité de penser et de ressentir. Tout ce que vous avez à faire, c'est de *vouloir.*

J'ai entendu vos discussions à propos de mon... — qu'est-ce que c'était? — «support indéfectible» envers votre roi Reagan. *(L'auditoire s'esclaffe.)* N'êtes-vous pas heureux que je puisse voir en certaines entités toute leur splendeur? Tout comme je vois votre splendeur, vous qui vous plaigniez à son sujet. Cette entité est inébranlable et elle était *destinée* à ce poste. Quant à ceux qui, à travers votre pays, réclament des services sociaux accrus, je leur demande : pourquoi voulez-vous des services sociaux ? Si vous voulez vivre *libres*, pourquoi dépendriez-vous de votre gouvernement pour prendre soin de vous ? Pourquoi rouspétez-vous, pourquoi êtes-vous affamés, pourquoi n'êtes-vous pas instruits et pourquoi êtes-vous au *chômage* ? Parce que vous avez le dos et l'esprit affaiblis à force de laisser les autres prendre soin de vous. Et s'ils ne le font pas comme il faut, vous les haïssez.

La meilleure chose qui puisse arriver à ce pays, c'est de devenir intègre et humainement industrieux, pas de devenir un « État-providence ». Il deviendra une nation où chacun prendra soin de soi. La collectivité éduquera et soutiendra ses frères sans mettre le fardeau de contenter tout le monde sur les épaules des politiciens. Sinon, c'est de la folie.

Dans les jours à venir, la *liberté* existera et *tous* apprendront à redécouvrir leur génie et leurs aspirations. C'est un besoin vital ici.

Si vous offrez des graines à une entité affamée sans lui enseigner comment les planter, elle mangera ces graines. Une nouvelle compréhension vient et elle est nécessaire, car il y a de pauvres hères qui se couchent tous les soirs l'estomac vide dans votre pays bien-aimé. Je leur envoie une merveilleuse lumière qui traversera leurs rêves et calmera leur estomac. Par elles-mêmes, ces entités deviendront un *pouvoir* industriel. J'y veille-rai. Qu'il en soit ainsi. *(L'auditoire applaudit.)*

La capacité de changer d'attitude est la seule chose que l'Homme ait su contrôler à ce jour ; mais c'est tout ce qu'il faut ! Par votre attitude, vous avez contribué à faire de votre gouver-nement ce qu'il est aujourd'hui. Vous avez contribué à la dissen-sion dans les rues. Vous avez contribué à la création d'un monde sans pitié avec à sa tête des chefs suicidaires. Vous l'avez tous fait ! Reconnaissez-le. Tout ce que vous pensez et jugez, tout ce que vous craignez, vous l'attirez à vous. Ce que vous jugez, vous *l'êtes* et vous l'ajoutez à la structure sociale de la pensée. Vous créez l'aura de la suspicion et vous attirez ainsi à vous ceux dont vous avez peur.

Tout ce que vous pensez de manière limitée, avec étroitesse d'esprit, affecte les entités du monde entier. Ce n'est pas la faute *des autres* si le monde est dans cet état. Vous avez créé vos terroristes et vos dirigeants forcenés. Vous avez élevé des monarques pour ensuite les détruire. Vous avez élu vos présidents pour ensuite les haïr. Vous êtes les auteurs des émeutes dans les rues. Vous vous êtes attiré l'amertume de vos voisins d'outremer par votre façon de penser. Il y a une raison à l'état du monde. L'attitude collective crée cet état et l'entretient.

Même dans cette auguste audience, je vous ai vus critiquer votre nourriture au lieu de l'apprécier, elle et les gens qui vous la servent. Vous maudissez votre nourriture alors que vous devriez l'apprécier, quelle que soit son *apparence*. C'est de la *nourriture*, et elle vous sustentera. Mais vous êtes des plaignards!

Je vous ai observés juger les autres à cause de leur attitude. Je vous ai vus blâmer les autres pour vos problèmes. Qu'est-ce que cela fait de vous? Et quel effet cela a-t-il sur votre monde? Cela engendre la *haine* et divise des frères. Chez certains, cela crée une telle insécurité et une telle peur qu'ils chercheront à vous détruire.

Vous jugez les autres à l'apparence. Il n'est pas donné à tout le monde d'avoir une chevelure blonde, des pommettes saillantes, des yeux bleu clair et une silhouette mince. Mais tout le monde est beau. Quand vous jugez quelqu'un à son apparence, vous jugez *le monde entier*.

J'essaie de vous faire comprendre que votre attitude, vos pensées et votre manière d'être envers vous-même — qui se reflètent déjà sur les autres dans votre petit monde — ajoutent à la souffrance de la totalité. Et je n'ai pas besoin de vous envoyer des «messagers». Vous allez vous-même vous en attirer suffisamment pour prendre conscience de votre comportement et de ses effets sur le monde.

Maîtres, *tous* sont Dieu — quels qu'ils soient, quelle que soit leur façon de s'exprimer, leur apparence, l'endroit où ils vivent — et ils sont aimés comme des Dieux. Qu'ils acceptent ou non cette vérité *est sans conséquence*, ils sont *quand même* Dieu et ils sont aimés *quand même*.

Il y a des gens, dans votre pays, qui veulent *anéantir* les habitants de la « Terre de l'Ours » et les peuples à la peau jaune parce qu'ils ne croient pas en Dieu. Les détruire parce qu'ils ne croient pas en Dieu ? Croire ou pas, croire d'une façon ou d'une autre est sans importance ! Quelle que soit leur croyance, ils sont divins parce qu'ils vivent et respirent, réfléchissent, doutent et ont peur, *tout comme vous*.

Il y a beaucoup d'entités remarquables qui pleurent aujourd'hui. Ce ne sont pas des héros nationaux. Ce ne sont pas des gens célèbres. Ce sont des inconnus, des gens sincères qui pleurent pour le salut du monde.

L'heure des dissensions tire à sa fin. Tellement de choses vont survenir dans la Nature que l'homme n'aura plus le temps de se méfier de son prochain et de le mépriser. Il aura à faire face à la survie, à la survie *élémentaire* où la faim sera son unique préoccupation. S'il faut en venir à *cela* pour amener le monde à poursuivre un but *commun*, à trouver un lien *commun, cela en vaudra la peine*.

Qui mérite d'être jugé ? Qui ne *mérite* pas la tolérance ? Qu'est-ce que vous avez à leur reprocher ? Ne peuvent-ils pas faire ce qu'ils ont envie de faire ? Ne pouvez-vous pas leur permettre la grâce et la liberté d'être eux-mêmes ? *Vous ne pouvez pas ?* Si vous vous obstinez à vouloir changer une personne, vous devez d'abord vous demander si vous croyez vraiment en votre propre idéal ! Parce qu'en agissant ainsi, vous faites la preuve que vous n'êtes pas convaincus de ce que vous « savez » et vous cherchez des supporteurs. Le saviez-vous ?

Quand vous quitterez cette salle pour retourner chez vous, quel que soit votre moyen de transport, regardez bien le monde autour de vous, au-dessous et au-dessus de vous. Regardez-le. Parlez au nom du seigneur-dieu de votre être et demandez au Père qui est en chacun de vous de se manifester et priez pour que les humbles prennent la juste place qui leur revient. Demandez que la paix revienne. Demandez que *se terminent* les jours des seigneurs de la guerre, la fin de ceux qui intimident et méprisent l'Homme ; demandez qu'ils disparaissent. Ensuite, bénissez le monde entier. Quand vous aurez fait cela, vous l'aurez fait pour toutes les cellules de votre corps, toutes les émotions qui habitent votre âme et votre esprit; et le monde *s'élèvera* grâce à vous. Vous saisissez? Qu'il en soit ainsi.

L'auditoire: Qu'il en soit ainsi.

Ramtha: À propos de mon exposé sur la religion maintenant. Vous en souvenez-vous? Je voudrais être plus clair. Je ne méprise pas la religion. Je ne méprise *rien*. Ce que je vous demande, c'est d'être *informés*, pas *ignorants*.

Partout sur la terre, les gens sont *imprégnés* de dogmes, et c'est une expérience désastreuse. Vous n'avez qu'à vous rendre à la bibliothèque pour le constater. Vous n'avez qu'à jeter un coup d'œil du côté de votre pays appelé l'Irlande ou vers le Moyen-Orient pour en être convaincus. Vous n'avez qu'à observer votre *propre famille* pour le reconnaître. Il existe des familles qui ont renié leurs *propres* enfants parce que leurs croyances religieuses étaient différentes des leurs. Il y a des entités qui parlent au nom de Dieu et qui en *maudissent* d'autres *à jamais* parce qu'elles ne font pas «ce qu'il faut».

Il n'existe pas d'endroit appelé l'enfer où brûlerait un feu éternel; il n'y en a jamais eu et il n'y en aura jamais. Même vos trous noirs dans l'espace, que d'aucuns ont soupçonné d'être l'enfer éternel, ne sont que des passages vers une dimension parallèle, un univers parallèle, un temps différent. C'est tout ce qu'ils sont.

Il n'y a jamais eu et il n'y aura jamais de Lucifer. Il a été créé par le cœur et l'esprit de l'Homme pour tourmenter, brûler, intimider et réduire *d'autres* hommes à l'esclavage des croyances religieuses.

Dieu n'est ni bon ni mauvais. Il n'est ni parfait ni imparfait. Dieu «est». En dépit des dogmes, Dieu ne vous a *jamais* jugés parce qu'Il est le continuum appelé Vie. Les entités qui parlent au nom de Dieu vous ont toujours jugés, mais Dieu, le sublime, ne l'a jamais fait. Il vous a «permis» et vous a aimés, et Il le fera *toujours*. Ce continuum de compréhension divine *a permis* les dogmes, les guerres, les rejets et les condamnations. Dieu est miséricordieux parce qu'Il est une essence qui *permet*; et permettre égale aimer *inconditionnellement*. Dieu ne pose pas de conditions parce qu'Il est toutes choses dans son continuum appelé Éternité. Ne permettez à *personne* de vous dépouiller de cette connaissance. Personne !

La religion a inspiré les meurtres, « sanctionnés par Dieu », de reines et de rois. Des armées entières ont marché vers la mort sous les ordres d'un saint homme, à seule fin de servir sa cause. D'innocents enfants ont eu les yeux arrachés, dans le seul but d'obtenir une confession de leur mère. Le peuple juif est rejeté par le reste du monde depuis des millénaires. Il a été persécuté, brûlé, dépouillé, jeté hors de sa terre natale et il n'a retrouvé un endroit à lui que tout récemment. Les juifs ne sont-ils pas Dieu ? Bien sûr, ils le sont.

Cela n'est *pas nouveau*. Cela dure depuis des siècles. Il y eut, un temps, une civilisation florissante, bien que primitive, qui possédait sa propre merveilleuse croyance spirituelle. Cette civilisation a maintenant disparu. Sous le couvert de la religion, elle fut complètement anéantie. On l'a traitée de païenne et on lui a dérobé son or.

Comment certains peuvent-ils tomber si bas, devenir vindicatifs au point de vouloir détruire ou tuer ceux qui n'adhèrent pas à leur culte ? Quelle sorte de religion *est-ce* ? Si quelqu'un n'a pas les mêmes croyances religieuses que vous, en est-il moins aimé de Dieu ?

Même aujourd'hui, à votre époque, il y en a qui sont rejetés de leur organisation religieuse parce qu'ils ne font pas ce qu'on leur dit. Dans le pays appelé Irlande, une guerre de religion fait rage et depuis plus d'un siècle et demi, *au nom de Dieu*. En son nom, des entités sont mises en pièces. En son nom, les rues ruissellent de sang. En Terre sainte, où toutes les religions du monde ont leur parthénon, leur cathédrale, leur synagogue, leur tente ou leur cabane, elles se méfient les unes des autres et se méprisent. Dans un berceau, un bébé pleure parce que sa mère a été abattue à cause de ses croyances religieuses.

Dieu permet tout. Quelqu'un qui s'éveille grâce à une connaissance universelle le *réalise* ; il se rend compte que Dieu n'a jamais abandonné *personne*, jamais, jamais, jamais ! Il réalise que Dieu a toujours été là ; que vous ne pouvez *vraisemblablement* pas être les bâtards de l'univers; que vous êtes réellement frères et sœurs de la Cause immuable et éternelle.

Mon point de vue est le suivant: tout engagement envers une organisation qui méprise, se bat ou élimine des entités parce qu'elles ne sont pas «du bercail» doit être considéré de façon très objective. Objective! Si vous n'êtes pas concernés, *reconnaissez-le*. Si quelqu'un vous condamne au nom de *ses* croyances, vous vivrez tout de même éternellement. Si vous acceptez sa condamnation et vous vous condamnez vous-même, alors seulement vous perdez tout. Oubliez le mal qu'il vous fait et aimez celui qui condamne: c'est cela être une lumière pour le monde, c'est cela être Dieu. Aimez ces gens et permettez leur vérité. Lorsqu'il y aura suffisamment d'amour, sans *condition*, le monde sortira finalement du rêve de ses croyances païennes.

Bien sûr, il y a des entités humbles et ferventes dans les organisations religieuses; ce sont des *joyaux*. Elles sont certainement exaltées par leur foi. Elles ont appris à pardonner. Elles ont appris à aimer et à permettre, sans tenir compte de la religion ou de l'État et elles ont travaillé à la grandeur de l'humanité. Elles sont éparpillées dans toutes les religions, mais elles sont rares.

Elle arrive à sa fin, l'heure des guerres saintes, de la persécution des frères à cause de leurs croyances, de leur foi et de leur Dieu; et il est grand temps.

Le monde n'a pas besoin qu'on lui prêche. Cela n'apporte que la dissension, la douleur, la haine, l'amertume et la guerre. Le monde a besoin qu'on le laisse tranquille. Il a besoin d'amitié et c'est tout!

On m'a traité de tous les noms. On m'a traité de Diable, d'Antéchrist. On m'a traité de tout ce qu'on a pu trouver de plus terrible, de plus effroyable et de plus horrible. C'est la vérité de quelques-uns et elle m'a permis de voir que leur culte du «mal» est supérieur à leur amour du «bien».

Je vous aime, merveilleuses entités qui vous êtes jetées volontairement dans le piège vie après vie et qui vous y êtes trouvées absolument indignes. Comment pourriez-vous vous accorder une valeur quelconque si vous pensez que Dieu vous a tourné le dos à jamais?

Il est temps de boucler la boucle et de devenir *conscients* du rêve, du drame (ah, le drame!). Revivre inutilement vie après vie, encore et encore, devrait vous sembler fastidieux. L'heure de la *réflexion* est maintenant arrivée.

Si vous voulez savoir, vous n'avez pas à chercher dans les livres anciens. Toute la connaissance est dans l'instant présent, parce qu'elle est *en vous*. Si vous voulez savoir quelque chose, demandez tout simplement par le seigneur-dieu de votre être et, sentez, émotionnellement, la réponse monter en vous. Voilà le pouvoir qui manifestera la réponse pour vous; voilà comment vous saurez. Et vous serez souverains, libérés du rêve.

Comprenez la nature et les convictions des autres. Aimez-les et soyez tolérants à leur égard. Si vous deviez n'avoir d'autre compagnie que votre propre vérité, n'avoir d'autre approbation que celle du Père en vous; si pour aller dans le sens de votre connaissance vous deviez marcher seul, alors *restez seul*. Cela en *vaut la peine*! Est-ce clair?

Aimez ceux qui croient, peu importe ce à quoi ils croient, et permettez leur vérité avec grâce. Je vous en conjure, ne vous imposez pas, ne les obligez pas à adopter votre vérité. Si vous le faites, vous devenez une entité dogmatique et un bourreau. Permettez, *permettez*. Quand votre lumière sera assez brillante, ils voudront savoir qu'est-ce qui l'a allumée. Vous comprenez?

L'auditoire: Oui.

Ramtha: Je ne vous ai pas dit tout ce qui vous attendait dans les jours à venir. Mais je ne vous cache rien: cet avertissement est suffisamment long et suffisamment clair pour que, fortifiés par cette sagesse, vous puissiez résister à n'importe quoi. Je vous l'assure, les jours à venir seront menaçants pour beaucoup. Mais réjouissez-vous, car ils n'ont *rien* de terrifiant; c'est la grande aventure d'un nouveau monde, d'une nouvelle conscience, d'une nouvelle intelligence et de la paix. Cela vaut la peine de surmonter tous les obstacles afin de voir la Supraconscience.

Je vous ai expliqué cette connaissance de façon posée et claire. Si vous ne l'avez pas entendue, c'est par choix. Je respecte votre volonté et je vous aime encore dans ce choix.

Allez où vous vous *sentirez* bien. Faites tout ce qui vous semble bien, ce qui sonne vrai dans votre âme. Soyez vigilants et *fiez-vous* à ce que vous ressentez. Vivez *votre* vérité. Ce n'est peut-être pas la vérité de votre mère, de votre frère, de votre sœur, de votre père, de votre mari, de votre femme ou de vos enfants, mais cela ne signifie pas que vous êtes dans l'erreur — ou qu'*ils* sont dans l'erreur. Cela veut simplement dire que vous honorez vos émotions.

Pour être souverain, la solitude est primordiale. Vous ne deviendrez jamais souverain dans un groupe; vous ne le deviendrez qu'*individuellement*. L'esprit devient merveilleusement illimité seulement quand on est pleinement en accord avec *soi-même*. Vous saisissez?

L'auditoire: Oui.

Ramtha: Qu'est-ce que la voix de Dieu? Ce n'est pas celle de vos guides spirituels. Vous savez ce qu'ils sont? Ce n'est pas celle de vos maîtres, de votre boule de cristal, de votre diseuse de bonne aventure, de votre encens ou de vos rituels. Savez-vous ce qu'ils sont tous? *(L'auditoire reste muet.)* Eh bien?

L'auditoire: Oui.

Ramtha: Très bien! *(Rires de l'auditoire.)*

La voix de Dieu ne parle pas en langues étrangères. Elle n'est ni *forte* ni *basse.* Dieu n'a *pas* de voix. Sa voix est la *pensée ultime,* une fréquence extrêmement haute qui actionne de puissants leviers émotionnels en votre âme. Vous ne l'entendez pas très souvent parce que vous êtes trop occupés à vous bombarder à coups de vérités empruntées. Vous êtes trop affairés à courir frénétiquement à la recherche de celui qui vous racontera la meilleure histoire de vos vies antérieures. Vous vous affairez, vous vous enlisez dans les dogmes et les rituels. Vous vous noyez dans la métaphysique, — qui n'est d'ailleurs qu'*un dogme de plus.* Cela vous déconcerte? C'est une *grande* vérité pourtant. Vous êtes même pris par cet enseignement-ci. Vous pouvez citer ce que je dis de mémoire, mais il vous reste encore à *vivre* cet enseignement *dans sa totalité*.

Maîtres, cette très haute fréquence vient quand vous lui *permettez* de venir. Elle n'a rien à voir avec le temps ni l'espace. C'est une émotion qui vous transporte ; la *pensée ultime* est une *émotion*. C'est une vague de connaissance que vous reconnaissez, tout simplement, *instinctivement*. Il n'y a pas de mots pour la décrire. Les mots sont des limitations ; ils ne peuvent décrire *totalement* une émotion semblable. Il faut en faire l'expérience. Et quand vous en faites l'expérience, vous rencontrez Dieu dans son jardin qui est en vous.

Beaucoup parmi vous n'ont pas entendu cette voix parce qu'ils se sont tenus à l'écoute de tout sauf d'elle. Vous devrez *permettre* beaucoup avant de l'entendre. Vous devrez créer un environnement où tout sera en harmonie. Il vous faudra lui faire de la place. Si vous écoutez de la musique à tue-tête jour et nuit, vous ne l'entendrez *jamais*. Si vous ne pouvez pas travailler, bûcher, vous reposer ou simplement être dans le *silence* de la nature, vous éprouverez d'énormes difficultés à l'entendre. Si vous ne pouvez vous permettre de pleurer, d'être seul, dans l'humilité, vous ne l'entendrez jamais.

Cette *sublime* émotion, je l'ai ressentie dans ma vie — pas avant les dernières années de ma vie — parce que je lui ai *permis* de se faire entendre. Et après l'avoir ressentie, je n'ai *jamais* cessé de l'écouter. Je n'avais ni maître ni guide ni écrits ni cérémonie, rien. C'est arrivé tout simplement. Il en sera ainsi pour tous ceux d'entre vous qui le désirent.

Je tiens à ce que vous sachiez ceci et que vous y réfléchissiez : *quel que soit* ce que vous décidez, ce sera très bien. Un jour, vous arriverez à l'essentiel.

À chaque instant, des entités clament avoir découvert de nouveaux professeurs, guides et vérités spirituelles. C'est devenu commun. À chaque instant, des entités ont des visions de catastrophes imminentes et elles veulent de toute urgence que leur vérité éclate au grand jour. Et c'est la raison pour laquelle des entités quittent ce plan pour leur prochaine existence.

Personne ne sait ce que vous devez connaître, *pas une seule* entité! Personne ne peut répondre honnêtement à l'une de vos questions. Chacun a la réponse, chacun dans cette salle peut fermer les yeux, ouvrir la bouche et émettre une vérité. Mais êtes-vous assez forts pour manifester cette vérité, la *réaliser*? Quelle est votre puissance? Pouvez-vous manifester tous les «messagers»? Non.

Certains parmi vous consultent clairvoyants, oracles et guides. Je tiens à ce que vous sachiez que votre vérité est limitée. Car comment pouvez-vous dire que Dieu règne en vous, que le Christ vit en vous si vous ressentez le besoin de questionner une autre entité au sujet de votre destinée, d'avoir son avis? Vous vous rabaissez et vous abandonnez votre pouvoir. Si vous voulez trouver conseil auprès des autres, c'est très bien; mais *c'est* une autre religion meurtrière. J'en parle parce que beaucoup croient que c'est la chose à faire. Très bien, allez-y! Mais je vous assure que vous n'entendrez jamais cette voix. Peu importe *à qui* vous vous adressez et ce qu'ils vous racontent, cela ne se produira pas. Vous ne vous réveillerez de ce rêve qu'à partir du moment où vous reconnaîtrez votre propre divinité illuminée et inaltérable. Si vous allez consulter des gens pour les entendre dire des vérités confortables, pour les entendre dire ce que vous *voulez* entendre (et ils diront ce que vous voulez), vous allez mourir. Sachez-le!

Je vous le répète, vous savez *tout*. Les jours à venir mettront cette vérité à l'épreuve. Vous devrez savoir, par vous-même, puisque *personne* ne saura plus rien.

Je vous aime. Je désire que vous vous éveilliez et reconnaissiez votre grandeur. Je veux que vous embrassiez Dieu, le Père en vous, cette intelligence, cette connaissance *sublime*. Pour nourrir le christ, le faiseur de miracles, le roi des rois, la puissance qu'aucun maître ne pourrait vous décrire, vous devez simplement *le devenir*. Ensuite, vous serez libres.

Ce n'est pas si terrible, maîtres, de dire: «Je connais ma propre vérité.» La phrase est délicieusement arrogante — et elle vous *soutiendra*. Ce n'est pas dégradant de dire: «Je deviens *tout* ce que je peux devenir et je laisse au Père en moi le soin d'éclairer ma voie. » C'est une sensation divine à éprouver, à savoir, à embrasser. Mais vous ne la saurez pas tant et aussi long-temps que vous remettrez vos vies entre les mains des autres.

Cette vérité dont je parle aujourd'hui apportera une grande joie et un immense soulagement à beaucoup de vos frè-res durant les jours qui viennent. Et en dépit de toutes les petites armées qui l'accusent, à distance, cet enseignement demeurera le plus important de tous et il survivra à tous ses contemporains, pour toujours et à jamais.

(Il lève son verre et porte un toast.) À la connaissance et au Père en nous, pour toujours, et toujours, et à jamais. Qu'il en soit ainsi.

L'auditoire: Qu'il en soit ainsi.

Ramtha: Allez vous rafraîchir, vous sustenter, et vous déten-dre. Et quand il sera deux heures, revenez ici. En attendant, permettez-vous *d'être.* Découvrez la joie en toutes choses.

Je vous aime infiniment, plus que les mots de votre langage ne peuvent l'exprimer. Vous avez beaucoup appris. Je suis con-tent, maîtres. Qu'il en soit ainsi. C'est tout. *(L'auditoire applaudit chaudement tandis que Ramtha quitte la salle.)*

Dimanche, 18 mai 1986
Session de l'après-midi

Quand tout le monde est installé, Ramtha se lève et regarde la foule avec tendresse.

Ramtha: Où vais-je, mes frères bien-aimés, quand je quitte ce corps et cette auguste assemblée? Cela s'appelle Éternité. Mais de ce séjour parmi vous, de tout ce que je suis au-delà de cette énigme nommée «Ramtha l'Illuminé», j'emporte avec moi, dans l'éternité, le souvenir de vous. Car dans l'immensité de mon âme, il y a de la place pour toute la compréhension *et* pour vous. Je vous ramène dans le giron de Dieu où votre visage, votre lumière, vos pensées, votre mémoire et des moments comme celui-ci demeureront à jamais. Et de tout cela, je me réjouis excessivement. Je vous aime.

L'auditoire: Je vous aime.

Ramtha (lève son verre et commence le toast final. L'auditoire répète chaque ligne):

Par le seigneur-dieu de mon être,

Venez à moi,

Père intérieur.

Ouvrez mon esprit,

Illuminez mon chemin

Et accordez-moi la sagesse.

Ô Christ,

Ô Père très saint,

Venez.

Que tout mon être

et le Père en moi

soient glorifiés à l'instant

et pour les temps à venir.

Qu'il en soit ainsi.

(Portant un toast.) Aux maîtres.

C'est maintenant l'heure de nous quitter. Souvenez-vous de ce que je vous ai enseigné. Rappelez-vous des « messagers » quand ils viendront — et des fourmis. Et par-dessus tout, ne vous oubliez jamais. Sachez que vous êtes aimés et appréciés. Sachez qu'on a besoin de vous. Je me souviendrai toujours de vous. Qu'il en soit ainsi.

Allez en paix. *Je vous aime!* Cette audience et cette session sont terminées. Qu'il en soit ainsi. (*L'auditoire applaudit. Ramtha descend de l'estrade et quitte la salle.*)

Appendice

Avez-vous révisé vos prédictions?

Ramtha : Des questions? *(Il regarde les mains levées dans l'auditoire.)* Bien, il y a quelques braves âmes. Madame?

La dame : En mai, vous avez parlé des jours à venir. J'aimerais savoir si, peut-être, vous avez quelques, euh, *corrections* à apporter à vos prédictions. *(L'auditoire s'esclaffe et applaudit, et Ramtha rit.)*

Ramtha : Ce message avait pour but de vous ouvrir une fenêtre, si je peux m'exprimer ainsi, et de vous faire regarder dehors. Et ce qu'il y a de l'autre côté de la fenêtre est l'ombre des jours à venir. En d'autres mots, le soleil est derrière, l'ombre apparaît d'abord.

Je vous ai envoyé de nombreux «messagers» pour vous montrer que ce dont j'ai parlé était «juste». Vous en souvenez-vous?

La dame : Oui.

Ramtha : Eh bien, ils continueront à venir, en temps et lieu.

Ce qui me semble merveilleux, c'est que la plupart ont compris que cet enseignement n'avait pas pour but de les forcer, *par la peur*, à devenir souverains. Au contraire, ils l'ont vu comme une grande opportunité qui s'offrait à eux; ils ont réalisé qu'ils n'étaient pas souverains. Il y en a donc maintenant, pour la première fois depuis une éternité, qui essaient de redevenir souverains. Ils plantent de la nourriture pour nourrir leur corps, ils ont compris que la vie était ce qu'il y a de plus important.

Quand une entité s'efforce de *survivre*, ses priorités changent très rapidement et elle commence à se rendre compte combien ses illusions étaient minces et fragiles. Quand la terre commencera à secouer votre lit, vous ne penserez certes pas à une éjaculation, ou à une nouvelle voiture, ou à vos problèmes personnels; vous penserez à survivre. Exact?

La dame: C'est exact.

Ramtha: Grâce à cet enseignement, la prise de conscience collective sur ce plan se trouve accélérée. Des entités qui n'ont jamais entendu parler de moi sont soudain tentées de stocker des provisions. Elles se préoccupent de leur eau. Elles s'intéressent à leur survie. Elles veulent changer. Et d'où vient ce désir? Il vient de vous qui êtes en train de vivre votre souveraineté. Et c'est *merveilleux*, parce que cela signifie que toute la conscience sociale change. Vous comprenez? *(La dame fait signe que oui.)*

L'homme, dans son rêve épique, a fait bien du mal à la terre pour satisfaire son seul plaisir et son seul confort. La Nature est maintenant révoltée. Elle est engagée dans un processus évolutif. Elle se guérit. Un esprit ouvert et large considère cela comme une bénédiction et une grande aventure. Pour ceux qui meurent de peur et qui vivent comme s'il n'y avait pas de lendemain, c'est un message terrifiant. Donc, je ne suis pas prêt à parler à tous de la même façon, parce que ce n'est pas tout le monde qui peut comprendre ce message — ni qui *veut* l'entendre, d'ailleurs. Mais j'ai parlé d'une connaissance et d'une grande vérité. Vous comprenez?

La dame: Oui.

Ramtha: Maintenant, vous vouliez savoir si j'avais révisé ou précisé certaines prédictions, n'est-ce pas? Il surviendra deux événements presque simultanément dans la Nature: la température de la terre augmente à cause des trous dans votre couche d'ozone, de la destruction de vos forêts, des polluants et de l'oxyde de carbone que vous avez libérés dans l'atmosphère. Qu'est-ce que cela signifie? Cela veut dire la fonte des calottes glaciaires dans les régions polaires. C'est déjà commencé. En êtes-vous consciente?

La dame: Oui.

Ramtha : La pression exercée sur les fermetures éclair se propagera et gagnera vos « évents », vos volcans. Plusieurs d'entre eux commenceront à se réveiller. Votre atmosphère en sera emplie de poussière et de cendre, ce qui est bénéfique pour le sol. Mais aussi longtemps que ces particules seront en suspension dans l'air, la lumière solaire ne pourra pas percer. Vous aurez alors un effet *contraire* ; vous subirez une baisse drastique de température.

Vous aurez ainsi deux situations causées par les changements de la Nature qui créeront une polarité ; et les eaux issues de la fonte des calottes polaires se reformeront en glace. Une entité qui perçoit ces changements et qui agit selon sa connaissance se préparera.

L'arrivée simultanée de ces deux événements est une réalité. C'est déjà commencé. À la fin, le climat de la terre sera très différent, mais il sera aussi plein de promesses. Tout, Madame, est en marche. Qu'il en soit ainsi.

La dame : Ramtha, je vis dans le Michigan. Je suppose que ce sera inondé là aussi ?

Ramtha : Les Grands Lacs qui entourent votre état sont alimentés, en partie, par l'eau provenant des calottes glaciaires du Grand Nord. Il y a déjà une élévation du niveau de l'eau et une érosion des régions côtières là-bas. Le trop-plein d'eau doit se déverser quelque part. Donc, dans les jours qui s'en viennent, il y aura d'importantes inondations de ces régions. C'est déjà commencé. Selon la manière d'agir de l'humanité, cela arrivera rapidement ou il faudra plus de temps avant que le tout ne soit complètement submergé.

Dites-moi, Madame, aimez-vous la région où vous vivez ?

La dame : Oui, j'y suis *très* heureuse.

Ramtha : Voici ce que je désire que vous fassiez : Avec la connaissance, vous pouvez vous préparer et planifier. Emmagasinez des provisions, de l'eau et de la nourriture comme si vous deviez faire un long voyage. Si vous êtes heureuse où vous êtes, restez, car si vous êtes heureuse intérieurement, entité, ce bonheur vous aidera à tenir le coup là où d'autres entités pourraient ne pas survivre.

Si vous ne voulez pas déménager, si vous voulez rester où vous êtes parce que vous y êtes bien, restez. Mais prenez soin de vous-même et préparez-vous comme pour faire face à un très très long hiver. Vous saisissez?

La dame : Oui. Je vous aime infiniment, Ramtha. Vous êtes le plus *incroyable* de mes professeurs.

Ramtha : En effet?

La dame : En effet. Et c'est bon de vous voir dans un corps physique à nouveau.

Ramtha : Soyez avertie, soyez prudente et suivez votre connaissance. Elle vous aidera tout *naturellement* à vous préparer. Vous comprenez?

La dame : Oui.

Ramtha : Qu'il en soit ainsi.

Dites-moi quand, dites-moi où

Ramtha (s'adressant à un homme, en juillet 1986): Maître, j'écoute.

L'homme: Je suis courtier en opérations de marchandises. Ma femme et moi avons déménagé de l'Iowa pour venir ici, en Californie, il y a deux mois à peine. Après avoir écouté les cassettes de la session de Denver sur les jours à venir, nous voulons retourner chez nous aussitôt que possible. L'Iowa nous semble, *aujourd'hui*, être un lieu beaucoup plus sécuritaire. Même si je ne tenais pas vraiment à habiter en Californie, j'y suis venu parce que je ne pouvais pas survivre financièrement en Iowa. Mais quand je me suis décidé à déménager, je l'ai fait avec tout l'enthousiasme dont j'étais capable. Et je partirai d'ici de la même manière.

Ramtha: Maître, vous dites être courtier en opérations de marchandises? Qu'est-ce que cela signifie pour vous?

L'homme: Ça veut dire que je risque gros pour gagner gros. Je spécule sur...

Ramtha: Risque, gagne? Êtes-vous un joueur de profession?

L'homme: Eh bien, non. Je suis prêt à prendre de *gros* risques en retour de *gros* profits. Les jeux d'argent, c'est différent de la spéculation mais... c'est dans le même...

Ramtha: Dites-moi, quelles sont ces marchandises?

L'homme: Eh bien, c'est le grain, la viande, l'achat et la vente selon la conjoncture du marché — spéculer sur les prix futurs des denrées. Je suis dans la spéculation de l'avenir.

Ramtha: Mais vous avez un travail merveilleux!

L'homme : Oui, je le vois bien. Mais j'ai beaucoup de choses à faire avant de pouvoir quitter la Californie puisque j'ai dépensé tout ce que j'avais pour venir ici. Il est possible que, dans quelques mois, j'aie assez d'argent pour m'en aller, mais j'aimerais connaître les échéances exactes des événements à venir. Est-ce que c'est une affaire de semaines ou de mois ? Y a-t-il d'autres signes à surveiller qui pourraient me prévenir qu'il est grand temps de partir ? Je ne voudrais pas être pris au dépourvu. *(Cherchant l'approbation des membres de l'auditoire.)* Il n'y a personne à part moi ici qui veut savoir *quand* tout ça va arriver ?

L'auditoire : Oui.

Ramtha : Maître, le temps est une illusion. Comprenez-vous cela ? *(L'homme acquiesce de la tête.)* Prédire des dates et des échéances exactes tiendrait de la haute spéculation : c'est le concours de plusieurs choses qui apportera un changement déterminé. Il n'est donc pas possible de vous donner une heure exacte ; mais je peux vous indiquer avec précision où en est la terre *en ce moment* — l'état de votre économie, le développement des taches solaires, la densité du dioxyde de carbone dans votre atmosphère, le réchauffement de votre planète, les éruptions volcaniques et la pression exercée sur les failles de l'écorce terrestre.

Voyons maintenant quand exactement vous devriez partir... D'ores et déjà, Maître, votre communauté économique sait qu'elle est au seuil d'une dépression. Si vous ne le savez pas, vous vivez dans l'ignorance, comme la plupart des gens. La dépression est tributaire de l'économie du monde entier, elle ne concerne pas uniquement votre pays. Si vous constatez une dépression continue des valeurs économiques, vous aurez *d'énormes* problèmes dont le résultat sera peut-être l'effondrement de votre système économique. Et ces troubles économiques iront de pair avec les changements de la Nature.

L'homme : Beaucoup d'analystes économiques disent aussi que quelque chose du genre se prépare. Mais je n'ai rien remarqué d'alarmant dans les deux ou trois derniers mois.

Ramtha: C'est vrai, mais c'est déjà commencé. Les ramifications, pour ainsi dire, de cette situation vont s'étendre aux années prochaines.

Maintenant, je veux vous poser une question: *Croyez-vous* que ce dont j'ai parlé à propos de la Nature est la vérité?

L'homme: Oui. Je l'ai pressenti il y a longtemps.

Ramtha: En tant qu'entité qui s'est récemment installée dans ce pays appelé la Californie, êtes-vous conscient que la terre peut bouger sous vos pieds?

L'homme: Oui.

Ramtha: Si vous restez ici, vous ressentirez encore ses grondements. Un grand et terrible tremblement de terre est imminent. Il peut survenir à n'importe quel moment. Il est déjà en préparation. Le moindre catalyseur l'enclenchera. Un tremblement de terre important qui aura lieu près des Açores sera le signe que le vôtre est proche. Ce tremblement de terre là-bas augmentera la pression et accélérera le mouvement des plaques de votre Pacifique vers le littoral. Vos failles ne supporteront pas une plus grande pression. Cette région a déjà subi plusieurs secousses qui auraient dû prévenir vos scientifiques de l'imminence d'un tremblement de terre plus important. Mais le temps exact ne peut pas être déterminé. La Nature est à un stade d'explosivité.

Si vous demeurez ici pour vos affaires, assurez-vous d'être dans un lieu sécuritaire, dans une bâtisse sécuritaire, sur un terrain solide très éloigné de l'océan. Ensuite, vous pourrez décider où vous voulez aller après avoir récolté les bénéfices de vos opérations. Le «futur» du blé est sans doute le meilleur investissement — à part bien sûr les choses nécessaires pour survivre: sa propre terre, son eau et sa nourriture.

Combien de temps? Vous prenez un risque. Si vous suivez l'économie, vous devez connaître la situation dans la région qui produit les céréales, la situation de vos états de la Nouvelle-Angleterre et de cet état-ci plus particulièrement. Plusieurs événements se produiront qui seront des «messagers» de la Nature. La Nature vous dit «Écoutez!» Plusieurs signes de changement sont évidents depuis quelque temps déjà, mais personne ne veut les voir, personne ne veut écouter la Nature.

L'homme : Merci beaucoup. Ça me donne la chance de me préparer. J'ai une autre question à vous poser. Vous avez beaucoup parlé de la sécurité offerte par les régions du nord-ouest. Voudriez-vous être plus spécifique à propos des autres régions des États-Unis où il serait sécuritaire ou dangereux d'habiter ? Et également parler des autres pays au sud de l'Équateur, comme l'Australie et le Brésil ?

Ramtha : Votre Nouvelle-Angleterre souffre et continuera de souffrir de ses eaux souterraines empoisonnées.

Vos états du sud-est où poussent les agrumes voient leurs récoltes menacées et leur climat est déjà prêt à changer. Il n'est pas indiqué de vivre là non plus parce que la terre est lentement submergée.

Les états du sud jouissent d'un court répit mais les pluies cesseront ; alors la sécheresse et l'économie désastreuse causeront des ravages. Et méfiez-vous de l'eau souterraine.

Cet endroit, la Californie, est un beau pays, mais c'est une terre incertaine qui tire son eau d'un état voisin. Elle fait partie de la fermeture éclair et elle bouge. C'est pourquoi j'avertis les entités de ne pas venir ici.

Les meilleures régions sont le Midwest, le Canada, l'Alaska, le Nord-Ouest, les états appelés Montana, Idaho, Colorado et Nouveau-Mexique. Tous ces endroits sont des endroits où il fera bon vivre *si* vous ne restez pas sur la plage, si vous avez votre propre puits d'eau pure, si vous avez fait des provisions et si vous vous tenez loin des grandes villes.

Maintenant en dessous, dans la partie sud de votre monde : l'Australie, qui est à proximité des calottes polaires, verra peu à peu l'eau envahir ses terres, les submerger, gruger sa superficie. Donc, vous verrez *un peu moins* de ce pays.

Le Brésil et toute l'Amérique du Sud connaîtront des changements radicaux de température. La saison des pluies deviendra une saison de grande sécheresse. Ce que vos frères et vous avez fait dans l'atmosphère causera une pénurie d'eau entraînant la mort rapide d'autres forêts tropicales. Il fera chaud comme dans un four là-bas. Il y aura aussi des tremblements de terre et le réveil d'anciens dragons endormis: les volcans.

Savez-vous pourquoi certaines parties de l'Amérique du Sud seront assiégées par la Nature? Parce que leur économie est basée sur la destruction des entités. Ils cultivent des plantes (marijuana, coca) que la Nature destinait au soulagement de la douleur de l'espèce animale; mais ils les vendent pour de l'or et ces plantes servent ensuite à tuer des gens. Si ces plantations étaient détruites, beaucoup plus d'entités sur ce plan auraient une chance de trouver la joie. C'est une sorte de guerre secrète dont les victimes sont vos cerveaux — et ceux de vos enfants. Elle a fait beaucoup de dégâts ici. Mais cette guerre tire à sa fin. Très bientôt, de grands maux apparaîtront sur cette partie du globe et frapperont partout les individus qui font un mauvais usage de ces plantes. Vous comprenez?

L'homme: Oui.

Ramtha: Ceux qui n'ont pas participé, les humbles qui s'efforcent de trouver la paix en leur âme et l'harmonie avec Dieu, ceux-là survivront. Qu'il en soit ainsi. C'est tout.

Dois-je déménager au risque de briser ma famille?

Ramtha : Femme bien-aimée.

La femme : J'ai deux jeunes enfants et je suis prête à déménager mais mon mari ne veut absolument *pas* s'en aller, il ne veut *rien* entendre. Je suis extrêmement nerveuse et confuse depuis le mois de mai et je demande votre aide. J'aimerais avoir le courage de faire ce que je dois faire.

Je voudrais savoir si je dois briser mon mariage afin que mes enfants et moi puissions survivre et voir la Supraconscience?

Ramtha : Dites-moi, où demeurez-vous?

La femme : J'habite en un endroit appelé San Rafael. C'est à environ 12 milles au nord de San Francisco.

Ramtha (il la regarde un long moment) : Que feriez-vous si vous aviez le choix, tous les choix? Resteriez-vous avec votre mari si aucun changement ne devait survenir?

La femme (pas très sûre) : Je *voudrais* bien...

Ramtha : Si rien n'était imminent, resteriez-vous et seriez-vous heureuse ici? *Êtes*-vous heureuse?

La femme : Il y a des hauts et des bas. Notre relation a des hauts et des bas. J'ai essayé de m'accorder la liberté de faire ce qui me rend heureuse et également de lui permettre de faire ce qui le rend heureux.

Ramtha : Et ça fonctionne?

La femme : Si ça fonctionne?

Ramtha : En effet.

La femme (soupire et hausse les épaules): Quelquefois. (*Au bord des larmes.*) Je suis déchirée également à l'idée de séparer mes enfants de leur père.

Ramtha: Et si vous n'aviez pas d'enfants?

La femme (résolument): Je serais déjà partie.

Ramtha: Pourquoi?

La femme: Je veux vivre dans un endroit plus sûr. Je veux m'éloigner des villes, c'est comme ça que je veux vivre.

Ramtha: Vous ne voulez pas vivre en ville alors?

La femme: Non.

Ramtha: Si vous n'aviez pas d'enfants, aimeriez-vous votre mari?

La femme (réfléchit à la question): Oui, mais je ne sais pas si je voudrais être mariée avec lui.

Ramtha (fait une pause avant de continuer): Madame, vous ne possédez pas encore la force intérieure pour décider d'un tel changement; vous vous sentiriez coupable d'avoir enlevé à vos enfants la chance de vivre auprès de leur père. Vous vous reprocheriez tous les écarts de conduite, la moindre indiscipline de vos enfants. Un endroit sécuritaire ne réconforte pas une âme troublée. Les changements, les déménagements ne vous seront d'aucun secours tant que vous porterez le poids de la culpabilité.

(*Il la regarde avec compassion.*) Je peux faire une chose. Je vais envoyer des «messagers» à votre mari et ces «messagers» seront des entités «respectées». Ce seront des scientifiques et aussi de ses amis. Leurs propos sur les changements de la Nature seront grandement exagérés et ils sèmeront le germe de la connaissance dans l'esprit de votre mari.

Permettez à ces «messagers» de venir. Si votre mari décidait de bouger, alors toute la famille pourrait s'en aller, être heureuse et découvrir un terrain d'entente parce qu'il aurait, lui aussi, le désir de trouver des solutions. S'il décidait de ne pas déménager, prenez d'abord soin de votre famille. Soyez forte. Ne ménagez aucun effort envers votre famille. Cela éveillera en vous la plus puissante des émotions, l'émotion appelée «Amour», qui est la survie de toutes choses. Et peut-être alors pourrez-vous trouver la sécurité dans la constance de votre amour pour votre famille. En d'autres mots: faites de votre mieux. Comprenez-vous?

La femme: Oui.

Ramtha: Je vous aime, Madame. Réfléchissez à ce que je vous dis aujourd'hui.

La femme: Je le ferai.

Ramtha: Qu'il en soit ainsi.

Comment pourrais-je vendre
ma maison... à un pauvre type?

Un homme (poursuivant une discussion au sujet de la faille de San Francisco et de l'opportunité de partir): Je voudrais vendre ma maison. Existe-t-il un moyen pour que cela se fasse dans les prochains mois?

Ramtha: Maître, qu'est-ce que cela vous fait de vendre votre maison quand vous savez ce qui va arriver?

L'homme (l'air penaud): Mais j'avais l'intention de la vendre *de toute façon.* Ça fait un an que j'ai l'intention de vendre mon commerce de pêche au saumon. Ce que vous avez dit à propos des jours à venir n'a fait que précipiter ma décision. J'ai décidé de m'en aller vers le nord.

Ramtha: Avez-vous des remords de vendre votre maison à un «pauvre type»?

L'homme (secouant la tête): C'est une question difficile. *C'est* vraiment un bel endroit, mais je ne sais pas... C'est un sujet délicat.

Ramtha: Eh bien, je peux peut-être vous aider. Je désire que vous fassiez ceci: Soyez *irréprochable.* Faites les choses de façon irréprochable. L'idée de cacher quelque chose est répugnante. Et elle vous hanterait.

Si vous désirez vendre votre maison, je vais vous envoyer quelques «messagers». Mais je veux que vous leur donniez la vraie raison pour laquelle vous vendez et déménagez vers le nord, que vous leur disiez que c'est à cause des prévisions de tremblements de terre qui vous inquiètent réellement. N'est-ce pas la vérité?

L'homme: J'avoue que c'est *une partie* de la vérité. Je viens du nord-ouest — de Seattle —, je suis arrivé ici en 1932. Et votre enseignement n'est pas la seule raison pour laquelle nous voulons repartir, il y a d'autres...

Ramtha: Mais Maître, pour être *irréprochable* envers des acheteurs éventuels, dites-leur que vous pensez que l'endroit où vous vivez ne vous convient plus à cause de possibilités de tremblements de terre et tout. Dites que vous préférez vendre et vous en aller. Cette région est connue pour ses tremblements de terre, n'est-ce pas? Est-ce un secret?

L'homme: Non, tout le monde le sait.

Ramtha: Si vous dites à l'acheteur éventuel pourquoi vous tenez à déménager et s'il se met à sourire et à hocher la tête, parce que ça ne lui pose pas de problème, laissez-le alors signer sur la ligne pointillée.

L'homme: Bien, c'est ce que je vais faire alors. De cette manière, je n'escroquerai personne. C'est comme mon bateau, ce n'est pas un bateau neuf, mais si quelqu'un veut l'acheter, qu'il l'achète « comme il est ».

Ramtha: Qu'il en soit ainsi.

Il y a de la terre partout

Un homme : Je reviens d'une excursion de deux jours, nous avons fait l'ascension du Mont Rainier et c'était une grande aventure. Le lever de soleil était magnifique au-dessus des nuages et notre guide a dit que c'était inhabituellement *venteux*.

Ramtha : Bien sûr. *(L'auditoire s'esclaffe.)*

L'homme : Et au moment de redescendre, nous avons vu une formation de nuages *spectaculaires* au sommet.

Ramtha : C'est splendide, n'est-ce pas ?

L'homme : En effet.

Ramtha : Maître, une entité n'a pas vraiment vécu avant d'avoir admiré les montagnes et les vallées, eu la tête dans les nuages ou reçu une rafale de neige glacée au visage. N'est-ce pas ?

L'homme : C'était très beau et...

Ramtha : C'est juste, mais il y en a tellement qui ne sont jamais sortis de leur triste maison ! C'est leur demander un trop gros effort ! Et ils se demandent pourquoi ils sont si malheureux.

Mais excusez cet aparté, continuez.

L'homme : Vous avez souvent répété que le nord-ouest était un bon endroit et je pense y déménager. Mais je crois savoir que le Mont Rainier est un volcan. Va-t-il entrer en éruption ? J'ai remarqué que J.Z. et beaucoup d'autres vivaient tout près de là.

Ramtha : Maître, c'est une divine montagne et elle demeurera. L'énergie qui s'y concentre est en harmonie avec la Nature. Les arbres peuvent encore s'y dresser vers le ciel et conserver à l'air sa pureté, le poisson peut encore y garantir son avenir, vous pouvez manger des baies à même les buissons et vous pouvez encore espérer la venue de la pluie — bénies soient ces gouttes exquises qui tombent du ciel! Grâce à cet environnement, la montagne est un nid de prédilection. Et, dressée dans son grand manteau blanc, elle deviendra un symbole... de liberté.

Mais cela *pourrait* changer. Si la conscience devait changer, ou si dans son évolution naturelle, elle *avait besoin* de changer, elle le ferait. Si la Nature décidait que la montagne devait être sacrifiée, quelle qu'en soit la raison, il en serait ainsi comme de toute autre chose. Cela dépend de Dieu, de la Nature, de la Vie. Mais telle qu'elle apparaît à cette heure-ci, et pour des siècles à venir, elle restera debout. Vous pouvez donc faire ce qui vous plaira. Si cela vous semble bien, déménagez là-bas; sinon allez ailleurs. C'est selon *votre* connaissance. Comprenez-vous?

L'homme: Oui, merci.

Ramtha: Maintenant, — et ceci s'adresse à tous — ma fille m'a demandé de vous informer que cette toute petite ville où elle a décidé de vivre avec son mari et leurs quelques milliers (!) de chevaux *(l'auditoire rit)*, ils l'avaient choisie il y a très longtemps. Qu'ils soient là ne signifie pas que c'est une terre sacrée. Et cette petite ville ne restera pas petite longtemps si vous y déménagez tous.

Il y a des terres partout hors de cet état. Servez-vous de votre *propre* connaissance pour découvrir où se trouve *votre* place. N'allez pas là parce qu'ils y sont. Vous saisissez? Allez où c'est *divin* — pour *vous*.

Elle désire que vous sachiez que vous êtes grandement aimés. Mais elle tenait à ce que vous compreniez. C'est ce que j'avais à vous dire. Qu'il en soit ainsi.

Vous avez répondu à votre propre question

Une femme : Après avoir assisté à votre session sur les jours à venir, je suis retournée chez moi, dans le Sud-Ouest, et j'ai envisagé la possibilité de quitter cette région. Mais quand j'en ai discuté avec mon mari, j'ai découvert que nous avions des opinions différentes sur la façon de nous préparer à ces temps à venir. J'ai à ce sujet deux questions à vous poser : je voudrais savoir quel est l'état de l'eau dans le Sud-Ouest. C'est vraiment sec et je ne suis pas certaine que ce soit un bon endroit où habiter.

Mon autre question concerne notre système économique. Y aura-t-il un système économique différent dans les jours à venir ? Aurons-nous même un système économique ? Ou vivrons-nous sans système économique, en essayant simplement de survivre ?

Ramtha : En ce qui a trait à votre première question, n'y avez-vous pas répondu vous-même ?

La femme : Eh bien, tout le monde n'est pas d'accord avec moi, mais je sais ce que je ressens. Ça ne me paraît pas un bon endroit, ça me semble trop sec, surtout après mon séjour ici, à Seattle, cette semaine.

Ramtha : Qu'est-ce que votre *connaissance* vous dit ?

La femme : Je sens le besoin de m'en aller plus haut vers le nord, mais j'ignore si c'est une connaissance ou une envie.

Ramtha : Et votre mari ?

La femme: Il veut rester où il sait qu'il y a du travail pour lui. Moi, je crois que nous nous débrouillerons toujours, peu importe l'endroit où nous serons.

Ramtha: Mais votre mari?

La femme: Eh bien, il est possible que j'aie à le laisser derrière moi.

Ramtha: Quand vous avez assisté à ma session, avez-vous réagi par peur ou par désir de survivre?

La femme (après un temps de réflexion): Je crois avoir réagi par désir de survivre. Pour moi, c'est enthousiasmant d'envisager ce changement et je suis emballée à l'idée d'une vie nouvelle. J'ai décidé que j'avais besoin d'un changement, même si rien ne devait arriver dans le monde. Je désire sincèrement tout changer et quitter cette région où je vis actuellement.

Ramtha: Et si vous faisiez un compromis? Si vous achetiez des vivres en quantité suffisante pour deux ans, creusiez un puits pour avoir votre eau et bâtissiez un réservoir pour la stocker? Comprenez-vous comment tout cela fonctionne?

La femme: Oui.

Ramtha: Si vous faisiez tout cela et pouviez laisser passer l'orage, pour ainsi dire, resteriez-vous?

La femme: Je n'en suis pas sûre.

Ramtha: Vous ne *voulez* pas rester?

La femme: Je ne pense pas.

Ramtha: Pourquoi?

La femme: Je n'en sais rien, ça ne semble pas bien.

Ramtha: Alors, même si vous aviez là tout ce dont vous avez besoin pour survivre, ça ne vous semblerait toujours pas un bon endroit?

La femme: Non.

Ramtha: Donc, vous avez répondu à votre question.

La femme: Oui, je comprends. Merci.

Ramtha: Je vais maintenant répondre à votre seconde question. Avec la Supraconscience, le système économique sera totalement différent de celui du monde des affaires d'aujourd'hui. L'importance de savoir survivre sera cependant un impératif, passé les années 2010. Bien des choses surviendront avant, entité, mais passé cette date vous assisterez à une renaissance de l'Âge de la Lumière.

Survivre vous semble peut-être pénible, mais celui qui travaille à la survivance de son être, celui qui peut créer sa propre nourriture, son propre abri et ses propres vêtements ressent une émotion très forte, une ancienne et noble émotion. Il est extrêmement gratifiant de revenir à cette qualité de vie. La survie opère une sorte de purge intérieure, elle ramène à une sorte de simplicité qui affermit le caractère et l'esprit. Avec la survie, vos esprits s'ouvriront à une nouvelle conscience et à un Nouvel Âge; et l'économie de cet âge ne sera pas basée sur l'or, mais sur la *Lumière*.

La conscience actuelle est fainéante; c'est la raison pour laquelle elle a sombré dans la décadence; c'est pourquoi elle est en guerre avec la Nature. Mais votre style de vie « kamikaze » tire à sa fin.

Ceci répond à vos questions. Mais soyez prête à affronter un dur moment.

La femme: Je le serai. Merci.

Le rêve illusoire

Ramtha (lors d'une réunion ayant pour thème «La liberté financière», donnée le 14 mars 1987): Donc, vous êtes tous ici pour l'argent! *(L'auditoire applaudit en riant.)*

Innocemment, j'ai demandé à ceux qui venaient à mes audiences: «Que désirez-vous, maîtres?» et ils m'ont répondu: «Ramtha, je désire être Dieu.» Avant d'ajouter: «Et je veux aussi être riche!» Donc, je coupe court à tout cela. Vous êtes tous ici pour apprendre comment avoir plus d'argent, ou d'or, comme moi je dis.

L'or est un métal mou et brillant qui a toujours eu de la valeur sur votre plan à cause de sa rareté et de sa grande beauté. C'est le métal parfait, doux et sensible, qui capte les fréquences émotionnelles. Revêtez la cuirasse d'or d'un roi un instant et vous ressentirez tout de suite la prééminence et la gloire du roi portant sa cuirasse parce que son émotion se trouve enfermée dans le métal. En d'autres mots, l'or est semblable à l'âme dans sa capacité de retenir les émotions. De ce point de vue, c'est le plus précieux des métaux; et c'est là que réside sa valeur. Vous comprenez?

L'auditoire: Oui.

Ramtha: Plusieurs parmi vous en cette audience croient que tous leurs problèmes seraient résolus si seulement ils avaient suffisamment... *(Attendant que l'auditoire termine la phrase.)* Eh bien, dites-le donc, hypocrites!

L'auditoire (en riant): ...d'argent!

Ramtha: Quelques-uns parmi vous se diront: «Non, je ne suis pas comme ça. Il exagère! Tout ce que je veux, c'est un meilleur salaire.» Lorsque vous vous dites cela, vous ne faites qu'effleurer l'idée. En effet. Plusieurs d'entre vous pensent que l'argent, l'or, est la réponse à toutes leurs prières. Tout gravite autour de l'argent; c'est ce dont vous rêvez, ce que vous vous imaginez posséder. Alors, comment vous enseignerai-je qu'il vaut mieux remplacer le désir de l'or par celui du *génie*, de l'esprit qui peut tout créer?

Si je vous dis ceci, c'est pour une raison spécifique. Si vous rêvez toujours et seulement d'avoir plus d'argent, vous avez un gros problème parce que votre monde est sur le bord de la faillite. Même le déficit de votre pays est plus considérable qu'on vous le laisse croire.

Écoutez-moi, maîtres. Votre argent de papier n'est pas *votre* argent! Ni celui de votre pays. Cet argent appartient à la *Federal Reserve* qui elle-même appartient à des banquiers *internationaux*, c'est-à-dire à quelques puissantes familles qui remontent au temps de Napoléon. J'ai été étonné de voir le nombre de gens qui pensaient, à cause de la mention «*Federal*», que cet argent était la propriété de votre gouvernement. Eh bien, ce n'est pas le cas. La *Federal Reserve* appartient à quelques familles qui n'ont d'allégeance envers aucun pays et aucun peuple. Elles ne sont fidèles qu'au pouvoir et à la fortune. Ces entités vont jusqu'à créer des guerres pour acquérir plus de pouvoir et contrôler le destin de l'humanité.

Saviez-vous que votre pays n'entre pas en guerre par vertu, mais bien par *affaires*! Ne comprenez-vous pas?

Votre pays n'a plus l'or nécessaire pour soutenir son papier-monnaie. Et quand l'or n'appuie plus la monnaie, les échanges commerciaux sont précaires. Ces entités peuvent alors dicter la valeur de votre dollar, et vous êtes... *(Tendant les mains.)*

L'auditoire: ...Lessivés!

Ramtha: Lessivés? Affamés! Envieux, nécessiteux, malheureux!

Ce n'est pas *vous* qui créez l'inflation et la déflation; ce n'est pas vous qui créez la fluctuation dans le prix de vos actions ou de vos bons. Illusion! Les puissances internationales, celles qui possèdent tout l'argent, règnent au-dessus de votre merveilleux globe comme des marionnettistes et elles tirent toutes les ficelles.

Il existe une sorte de conspiration qui vise l'élimination de votre classe moyenne. Ainsi la fortune se retrouverait dans les mains d'un petit nombre qui gouvernerait la « populace » — qui *vous* gouvernerait! Pourquoi cette situation prévaut-elle? Parce que ces entités sont Dieu, tout comme vous, et qu'elles jouent *leur* rêve pour les besoins de *leur* apprentissage. Tout ça est dans l'ordre des choses. Mais leur heure tire à sa fin.

Maintenant, vous êtes *au courant* de la situation. Commencez par décider ce que vous voulez vraiment, si oui ou non vous désirez un rêve aussi illusoire. En d'autres mots, n'est-il pas bien mieux de créer ce que l'argent vous permet d'acheter, plutôt que de créer l'argent lui-même? Lorsque vous aurez appris à embrasser l'émotion de la chose à acheter, vous n'aurez pas à l'acheter, vous l'aurez! Vous comprenez?

Lorsque toute votre attention est centrée sur ce désir d'acquérir toujours plus d'argent, vous n'êtes plus conscients de vos autres possibilités. Si l'argent est tout ce que vous désirez, je vous l'assure, vous mourrez malheureux car cela ne voudra rien dire lorsque votre esprit rappellera l'âme de votre corps.

Il y a donc ici des gens très ignorants de la façon dont fonctionne leur système économique et encore bien naïfs en ce qui concerne le pouvoir. Et ces mêmes gens, qui veulent ce qui compte « vraiment », m'ont craché au visage quand j'ai dit: « Amassez de la nourriture. » Eh bien, cigales, un jour vous serez à la porte de la fourmilière, mendiant.

Des chances en or

Une femme: Ramtha, j'ai observé de très près ce qui se passe dans notre système économique. Je suis certaine qu'une catastrophe financière est imminente, comme vous l'avez dit. Mais je ressens quand même le besoin, l'impulsion, de faire toutes les choses dont j'ai toujours rêvé. Mais je ne sais pas si j'en aurai le temps avant que les changements ne surviennent. J'ai beaucoup réfléchi à tout ça et je suis un peu confuse.

Ramtha: En effet, Madame, je comprends. Pour des entités qui ont des rêves de carrière et d'avenir, c'est décevant d'apprendre que bien des opportunités disparaîtront.

Votre gouvernement va vers un effondrement financier. C'est déjà amorcé. Il ne manque plus que le coup de grâce. Mais il y a une raison à tout cela: un équilibre se fera et les valeurs changeront. Alors, naturellement les opportunités ne seront plus les mêmes.

Je connais vos rêves, Madame. Ils sont nombreux. Eh bien, vous *réaliserez* vos rêves, mais peut-être pas de la *façon* limitée que vous imaginez. Vous réaliserez ces rêves d'une manière *illimitée*, plus grandiose et plus vitale que vous ne l'avez jamais espéré.

Pour beaucoup, tout ceci a un air de fin du monde. Pour d'autres, c'est seulement le commencement. Bien entendu, tout est dans la façon de voir. Mais les opportunités seront nombreuses, je vous l'assure. Vous comprenez?

La femme: Oui, merci. Pourriez-vous me dire aussi quand le système monétaire est censé s'effondrer? À l'avenir, y aura-t-il une forme d'argent qui aura de la valeur?

Ramtha: Tel que je le vois, votre marché boursier s'effon-drera bientôt. Vos dollars et vos pièces de monnaie qui ne sont pas en argent seront sans valeur. Au moment de cet effondre-ment, votre dollar ne vaudra plus que 7 cents. Votre or par con-tre — comment dites-vous? — grimpera au ciel.

La république qui s'en vient n'aura pas besoin d'argent. Mais durant la période de transition, l'or — l'or véritable, pas l'or en *papier* — aura une valeur accrue. Vous devriez déjà avoir acheté de l'or, même si ce ne sont que quelques pièces. Ceci ne veut pas dire que vous ne pouvez pas en acheter plus tard, mais tel que je vois les choses aujourd'hui, vos meilleures chances sont pour maintenant. L'or sera de plus en plus difficile à acqué-rir parce que votre gouvernement en confisquera la presque totalité pour soutenir sa viabilité. Comprenez-vous?

La femme: Oui.

Ramtha: Donc, dans les derniers instants de l'effondrement financier de votre pays, vous pourrez vous servir de votre or pour vous libérer de votre hypothèque et de vos autres obliga-tions. Ainsi, vous n'aurez plus de dettes et les huissiers ne vien-dront pas saisir vos biens. Vous serez libre. Vous comprenez?

La femme: Oui. Merci.

Ce sont vos frères

Un homme: Ramtha, on rapporte de plus en plus fréquemment la présence d'OVNI. On parle aussi de gens qui seraient enlevés par des extra-terrestres. Il semble aussi qu'il y ait un nombre croissant de gens servant de «*channels*» à ces extra-terrestres. Je me demandais si vous aimeriez... *(Ramtha renverse la tête et éclate de rire.)* ...euh, partager avec nous ce que vous savez.

Ramtha: Un nouveau dogme, hein?

L'homme: Ramtha, je *sais* que cela ne doit pas devenir une religion mais je voulais vous poser la question au nom du groupe. *(Ramtha éclate de rire une seconde fois.)* Bien des gens s'intéressent à ça. Vous savez ce que je veux dire?

Ramtha: En effet, maître.

L'homme: Je me demandais si ces extra-terrestres ne font que nous *observer* ou s'ils prévoient nous aider dans les jours à venir?

Ramtha: Vous aider? Pourquoi croyez-vous avoir besoin d'aide?

L'homme: Pour nous élever au-dessus de la conscience sociale, j'imagine.

Ramtha: Maître, connaissez-vous l'expression «tourner en rond»?

L'homme: Oui.

Ramtha: Comme si vous n'aviez pas assez de problèmes! Vous vous inquiétez maintenant pour des extra-terrestres dans des vaisseaux spatiaux qui pourraient venir sauver votre peau.

Et *s'ils viennent*, vous espérez être au bon endroit, au bon moment, pour être amenés avec eux. Exact?

L'homme: Eh bien...

Ramtha: Laissez-moi vous dire une vérité. Si elle vous déplaît ou si vous lui en préférez une autre, je vous en prie, allez-y!

Les entités à bord de ces vaisseaux sont vos frères supérieurs. Ils ne vous sont pas *supérieurs*: ils habitent simplement à un niveau supérieur quelque part dans le ciel, c'est tout. Ces «extra-terrestres» existent vraiment et ils viennent ici effectivement. Ils viennent d'autres systèmes solaires, d'autres dimensions et même du centre de votre terre. Ils viennent ici de temps à autre, comme vous vous visitez la lune. Ce sont des entités magnifiques, en effet. Plusieurs appartiennent à des cultures qui ont dépassé le stade de la guerre, des épidémies et de la maladie; ce sont des entités à l'esprit très ouvert. Plusieurs ont une apparence extrêmement différente de la vôtre — apparence que vous qualifieriez de laide parce que vous jugez de la beauté par l'aspect extérieur.

Ces entités sont vos *frères*, pas vos sauveurs. Et pourtant, beaucoup de gens sur votre plan les vénèrent à cause des nombreux mythes qui les entourent. Penser que l'un d'entre eux parle *à travers* vous est très flatteur et très mystérieux, mais c'est aussi très absurde! S'ils voulaient vraiment entrer en contact avec vous, ils pourraient le faire directement, sans intermédiaire. Si toutefois vous souhaitez vraiment servir de *channel* à un esprit intelligent, essayez avec une fourmi! Plus que n'importe quelle créature, elle sait ce qui s'en vient, comment s'organiser et où creuser. Vous comprenez?

L'homme: Oui.

Ramtha: L'humanité s'apprête à livrer une immense «bataille» qu'on appelle survie. Plusieurs veulent exciter votre imagination en prétendant que des entités viendront vous sauver et qu'elles ne choisiront que quelques heureux «élus». Qu'arrivera-t-il à ce pauvre type qui attend d'être secouru pendant que tout est en train d'exploser? Que lui direz-vous si elles ne viennent pas?

Maître, si une chose ne vous donne pas à manger ou ne pousse pas votre esprit à vivre dans la joie, *ici et maintenant*, et à devenir souverain, elle n'a aucune importance. Ce n'est qu'une idole de plus, un autre jeu, une autre illusion. Je *pourrais* vous enseigner tant de choses et vous pourriez vivre des aventures tellement merveilleuses! Mais l'humanité n'est pas prête. Elle ne s'est pas encore détachée des cultes idolâtres. La peur la fascine et l'excite toujours. Elle se perd toujours en regardant «ailleurs» au lieu de regarder attentivement en dedans.

Lorsque vous aurez dépassé ce besoin de chercher en dehors de vous-même, vous trouverez la paix et l'harmonie avec tout. Vous connaîtrez alors intimement *toutes* les merveilles, car vous serez dans le courant de toute vie.

La connaissance, le raisonnement, savoir que Dieu est en vous et toucher cette divinité du bout des doigts: là est votre unique salut. Comprenez-vous?

L'homme: Oui.

Ramtha: Il y a tant de choses que vous prenez pour acquises. Si vous cherchez follement des lumières dans le ciel, vous n'apprécierez jamais la beauté de la terre à vos pieds — ni la vôtre. Sage et prudente entité qui se met à la découverte de son «moi» et de son propre environnement avant de lever les yeux «au-delà», dans l'infini. C'est seulement quand l'homme accepte et reconnaît comme sienne toute sa vie présente et passée qu'il est prêt à se tourner vers l'éternité parce qu'alors il n'éprouve plus la douleur du regret ou le désir d'un retour en arrière. Alors, il a pleinement expérimenté, embrassé et imprimé dans son âme la sagesse de sa vie toute entière.

Il est vrai que ces entités ont posé leurs vaisseaux sur votre sol à plusieurs reprises; et elles le feront encore. Si cela vous chante de les observer, allez-y. Si par hasard l'un de ces vaisseaux a atterri dans votre cour et que ses occupants souhaitent s'entretenir avec vous, faites-le si vous voulez. Mais ne vous prosternez pas face contre terre devant eux. Et ne vivez pas dans l'attente d'une telle rencontre, car elle n'arrivera peut-être jamais. Et si elle n'arrive pas, cette rencontre, qu'aura valu votre vie, hein?

Vous savez, certaines entités me trouvent trop sévère. Je ne suis pas sévère ; je suis raisonnable.

Ces entités ne comptent pas vous emmener avec elles. Réjouissez-vous-en, car on ne sait jamais : le paradis pour elles pourrait être l'enfer pour vous. D'ailleurs, il n'y a que quelques rares endroits dans tout l'univers où votre être biologique, tel qu'il est aujourd'hui, pourrait survivre. De plus, avant de vous faire monter à bord, il faudrait qu'ils vous emballent dans une substance gélatineuse sans laquelle vous tomberiez en morceaux — et la plupart de leurs vaisseaux, trop petits, ne sont pas équipés pour le faire.

En ce qui concerne les enlèvements : ces entités connaissent l'esprit, Dieu et l'éternité. La connaissance de la lumière et la technologie en fait des entités multidimensionnelles et interstellaires. Avec *tant* de connaissances, pourquoi auraient-elles besoin de *vous* ? En d'autres mots, pourquoi voudraient-elles polluer leur vie avec tous les problèmes, les malheurs, la pensée limitée et la bigoterie qui remplissent la vôtre ?

Si elles connaissent toutes ces choses, pourquoi ont-elles quand même enlevé pour les observer quelques terriens ? Parce qu'elles ne sont pas vous. L'humanité est un mystère pour elles qui n'ont jamais vécu une vie d'être humain. Elles veulent comprendre votre fonctionnement biologique et physiologique ; elles cherchent des réponses. Admettez que vous êtes un groupe singulier. C'est tout un puzzle pour un esprit avancé que de voir le vôtre qui n'avance pas. C'est la raison pour laquelle elles ne cherchent pas à devenir des *channels* de l'esprit humain. Ce n'est pas méchant ; c'est la simple vérité.

Ces entités sont entrées en contact avec beaucoup d'entre vous et elles en ont examiné quelques-uns pour en savoir davantage. Si elles avaient voulu vous détruire, vous et votre monde, elles auraient pu le faire il y a longtemps ; elles sont puissantes à ce point. Mais elles sont aussi tout amour, car elles vivent dans la Supraconscience.

Ces entités sont venues ici en grand nombre dans le passé. Elles sont venues enseigner à vos anciennes civilisations. Savez-vous pourquoi elles ne sont pas venues enseigner à *votre* grande civilisation? Parce qu'elle n'est pas très grande. Je tremble en pensant à la manière dont l'homme limité utiliserait une technologie aussi avancée. Avec *votre* étroitesse d'esprit et *leur* technologie, votre système solaire deviendrait rapidement un vaste anneau de poussière.

Pourquoi des entités d'autres systèmes solaires sont-elles revenues sur votre plan tout au long de votre histoire? Parce qu'elles vivent un grand voyage, une grande aventure. L'éternité est immense. Elles s'arrêtent ici de temps à autre pour dire bonjour et voir ce que vous avez fait, disons... ces 10 derniers millénaires. C'est comme retourner au zoo et voir quelles nouvelles espèces sont arrivées. Compris?

L'homme: Oui. Ramtha, pensez-vous qu'il nous sera possible de visiter l'intérieur de la terre quand nous aurons appris à survivre et quand nous nous serons sortis de la conscience sociale?

Ramtha: Maître, ce que vous allez vivre ne vous paiera pas en voyages dans des civilisations étrangères. Dans les temps qui viennent, les êtres humains renaîtront en une race d'entités comparable à celle de leurs frères aux vaisseaux spatiaux. Elle sera sans bigoterie, sans préjugés, sans limitations. Ce sera la confrérie des entités douces et aimantes qui, en vérité, auront hérité de ce plan et qui seules choisiront d'y demeurer. Les autres, qui auront encore besoin d'expérimenter la douleur, la souffrance, l'amertume, la haine et la guerre, ne trouveront rien ici pour combler leurs besoins. Elles choisiront par conséquent d'exister en d'autres lieux.

Si vous désirez faire partie de la Supraconscience sur ce plan, commencez l'aventure qui vous fera découvrir l'entité la plus étrange qui soit: *vous-même.* C'est ce que vous devez faire si vous voulez voir les jours à venir. Vous comprenez?

L'homme: Oui, merci.

Ramtha: Si vous faites cela, je vous l'assure, maître, vous verrez des choses *remarquables* dans votre vie. Vos OVNI n'en seront qu'une, infime et sans conséquence. Qu'il en soit ainsi.

La peste noire

Ramtha : Ceci concerne votre futur.

Il y eut une année de votre temps appelée 1348, dans un endroit appelé l'Europe. Vous savez où cela se trouve ? C'est une sorte de conglomérat avec de nombreuses frontières. À cette époque, plusieurs pays étaient en guerre et cette guerre était celle du catholicisme contre le judaïsme. Les catholiques n'aimaient pas les Juifs à qui ils reprochaient d'avoir *crucifié* leur Seigneur. Et pourtant, Yeshua fils de Joseph avait dit : « Voyez, je suis venu *accomplir* la prophétie. » Sans les événements de Jérusalem, Yeshua n'aurait *jamais* pu accomplir la prophétie. Mais ils l'avaient oublié.

À cette époque, les Juifs de ces pays étaient forcés de se convertir à la croyance religieuse appelée le Christianisme. Ceux qui ne se convertissaient pas étaient haïs par les «bons» chrétiens qui les abattaient, les mutilaient, les estropiaient, les brûlaient et les détruisaient (vraiment «à l'image de Dieu», n'est-ce pas ?). Partout, en cet endroit appelé Europe, l'air était pollué par l'odeur des corps mutilés et brûlés qui se décomposaient sur le bord des routes. (Peut-être est-ce là que le diable est «né» et que l'enfer a pris tout son sens.) Des hordes démentes saccageaient tout sur leur passage, tuaient tous les Juifs, parce que quelqu'un, quelque part, avait dit que Dieu *aimait* ceux qui tuaient les Juifs.

Une chose des plus étranges survint en 1348, une chose épouvantable débarqua sur les côtes de ce continent. Une maladie était née. Elle arriva de *nulle part*, et elle tua plus de 25 millions de personnes, un tiers de la population, en une décennie seulement. Cette horrible peste n'avait pas de préférence religieuse. L'Église prétendit qu'elle était le châtiment de Dieu infligé aux païens, mais les catholiques mouraient aussi. Elle s'attaqua aux catholiques, elle s'attaqua aux orientaux, aux Juifs aussi. Sa préférence allait à ceux qui avaient une attitude de bigoterie haineuse et qui étaient décadents.

Dans votre lumière, vous êtes «connus» par votre attitude. De façon magnétique, vous attirez à vous ce que vous êtes. C'est la *loi*, puisque vous êtes Dieu. Et c'est la raison pour laquelle cette peste a tué toutes ces entités.

Cette peste appelée Peste Noire était une représaille exercée par la Nature contre ceux dont l'attitude était tombée au-dessous du niveau de survivance. Tôt ou tard, si vous êtes en guerre contre elle, la Nature se défendra, contre-attaquera. En d'autres mots, la Vie se débarrasse de ceux qui n'évoluent pas. Ainsi, la maladie s'est débarrassée d'un tiers de la population.

Cette maladie fut si terrible qu'ils furent forcés de détourner leur attention de leur bigoterie pour survivre. Ils eurent à *redéfinir* l'important.

Saviez-vous que vous utilisez à peine un tiers de votre cerveau? Le saviez-vous? C'est le niveau le plus bas que peut atteindre l'homme avant que sa race ne s'éteigne. En d'autres mots, vous êtes maintenant vous-même *sous* le point de survivance. Votre société est décadente et pervertie. Vous violez vos enfants, vous souillez vos femmes, vos hommes se battent entre eux, vous brutalisez la sexualité, vous érotisez la violence, vous vendez la peur sur la place publique — et vous êtes *insensibles* à tout cela! Cette insensibilité signifie que vous êtes décadents, en dessous du point de survivance.

En 1348, ils étaient également sous le point de survivance. Ils avaient glissé dans la décadence. Quel genre d'entité décapite un bébé parce que la mère refuse de se convertir? Hum? Ce n'est pas de la *survivance*, c'est de la décadence. Eh bien, vous êtes tout à fait comme ils étaient en l'année 1348.

Vous êtes tous Dieu, et quand les dieux commencent à s'effondrer intérieurement, arrive alors ce que j'appelle la

«Guerre contre l'inestimable Vie». Des épidémies ravagent actuellement votre continent; et ces épidémies en engendrent d'autres. Elles ne seront jamais vaincues et elles emporteront un tiers de votre population avant la fin de la prochaine décennie. Les choses sont ainsi perçues en cet instant de votre époque.

Ces épidémies ne viennent pas de l'espace. *Vous les avez créées.* Votre corps tente désespérément de tenir en un seul morceau mais vous le déchirez, vous le critiquez sans cesse! Il est trop gros ou trop maigre ou trop vieux ou du mauvais sexe. Comment votre corps réagit-il à vos critiques? Il y a une limite à sa patience. Qu'il soit assez bien pour vous ou pas, si vous ne lui permettez pas d'être ce qu'il est, il se débarrassera de vous. La petite plante et la grenouille, la chenille et le papillon, l'étalon noir aux puissantes narines: c'est la force vitale en eux qui vous déclare la guerre, parce que vous corrompez et entravez le processus d'évolution appelé Éternité. Et dans cette guerre, maîtres, la Vie vaincra toujours.

Les épidémies sont arrivées et c'est vous qui les avez créées en dégradant votre corps et votre esprit. Vous vous écroulez intérieurement; et vous allez en mourir.

Sinistre? En un certain sens, oui; mais tout dépend de vos limitations. La peste est ici et beaucoup n'y échapperont pas parce qu'ils ne sortiront pas des cases de la conscience sociale pour redevenir la Vie. L'*unique* façon de *surmonter* la peste est la vertu, la noble vertu.

C'est un sujet que beaucoup ont évité. On vous cajole, on vous complimente tandis que vous marchez vers la mort. Jusqu'à présent, vous n'avez pas eu à envisager l'Histoire, la mémoire de l'âme et votre «présent» aussi vivement et aussi douloureusement.

C'est votre destinée, telle qu'elle est perçue en ce moment. Voyons, qu'est-ce que je viens de dire? *« Telle qu'elle est perçue en ce moment. »* Votre attitude projette l'ombre de votre destinée. Tout ce que vous pensez se manifeste et les épidémies sont le *résultat* de vos pensées et de votre attitude. Dans le lendemain de votre temps, *il est possible* qu'une grande expérience rehausse le monde entier — au moins jusqu'au point de survivance.

Votre état de conscience est tombé sous le point de survivance, dans la décadence. Quand vous serez remontés au point de survivance, la maladie disparaîtra. Vous avez le pouvoir de changer, *à tout moment*.

Comment pouvez-vous faire reculer cette ombre terrifiante? *En aimant* ce que vous êtes. Vous aimer vous-même signifie vous tenir dans la plus grande et la plus haute estime. Cela veut dire *savoir* que vous êtes divin, savoir que vous êtes doté d'un esprit supérieur, savoir que vous êtes brillant et génial. Vous aimer vous-même, c'est par-dessus tout savoir que vous êtes vivant. La Vie! Sans elle, vous n'êtes rien.

Femme, vous survivez depuis si longtemps grâce à votre utérus, votre vagin et vos seins. Votre corps est votre survie. Cessez de malmener votre corps. Il est l'heure de survivre en étreignant la *vie* parce que vous êtes l'égale de Dieu. Cela est aimer ce que vous êtes. Quand vous apprendrez à vous aimer vous-même, vous n'aurez plus besoin de quelqu'un d'autre pour vous rendre heureuse ou prendre soin de vous. Ainsi vous serez libre et indépendante.

Homme, vous n'avez pas à copuler avec le monde entier! (Dans votre mémoire de l'âme, c'est cela être un homme.) Vous n'avez pas à répandre votre semence chaque jour! Chaque fois que vous le faites vous *mourez*. Vous devez contrôler le désir de molester des enfants pour votre plaisir. Vous devez surmonter le besoin de molester vos frères pour les dominer. Quand vous maîtriserez ces impulsions, vous ferez preuve d'amour envers vous-même. Voyez les femmes comme des égales, comme des dieux brillants, pareils à vous. Cela modifiera l'ombre de la destinée; cela vous permettra d'aller de l'avant en harmonie avec la Nature.

En 1348, quand la peste eut terminé ses ravages, une nouvelle conscience apparut, une nouvelle compréhension, un changement, une différence. La même chose survivra à cette époque dans laquelle vous vivez. Quand la décadence qui sévit actuellement sur ce plan aura disparu, une conscience nouvelle et un nouvel esprit émergeront. Son nom est la Supraconscience. L'esprit fleurira et le christ *en chacun* apparaîtra — *chacun* réalisera qu'il est Dieu. C'est la vraie signification de la seconde venue du Christ. Et ainsi, naîtront un nouveau royaume et une nouvelle terre. Et en ce royaume régnera le Christ, pour toujours et à jamais.

C'est la destinée de votre belle terre.

À l'horizon

Ramtha : J'aimerais vous poser une question et je voudrais que vous y pensiez «fort». Réfléchissez et soyez sincères, d'accord?

L'aventure des jours à venir pointe à l'horizon... Et vous scrutez l'horizon.

Vous avez beaucoup travaillé à créer un état de survivance stable. Vous avez mis vos biens de côté. Vous savez ce que sont vos «biens»? Vos aliments de base et votre eau. Vous avez été incités à le faire, mais maintenant vous en avez tout un stock. Comme il est *merveilleux* de savoir que, peu importe ce qu'il adviendra, vous aurez «tout ce qu'il faut» pour faire face à l'énigme qui *se profile* à l'horizon incertain.

(Il regarde l'auditoire.) Vous me suivez? *(Ils acquiescent.)*

Vous avez abandonné une région qui était vulnérable, parce que vous en avez eu le désir raisonné, vous en avez reconnu la nécessité. Vous avez rapidement vendu votre appartement perché dans un quartier des plus huppés. Vous avez vendu votre maison en bordure de l'océan, celle dont vous aviez rêvé toute votre vie (et Dieu seul sait tout ce que vous avez fait pour l'obtenir!).

Vous avez troqué votre bureau d'affaires contre une habitation en forêt dépourvue de la classe, du mystère et des intrigues auxquelles vous êtes habitués.

Vous avez retiré les primes accumulées de votre assurance-vie, dit au revoir à votre famille et vous êtes partis.

Vous avez été si persévérants! Avec diligence, vous vous êtes retirés en lieu sûr et vous êtes fin prêts pour le grand périple. Vous me suivez?

L'auditoire (riant): Oui.

Ramtha: Maintenant, écoutez-moi. Vous observez l'horizon. Vous le regardez, vous le surveillez et il vous semble que... *rien ne bouge.* Il est menaçant, peut-être, mais rien ne bouge. Et ce qui fut une euphorique attente se change en... impatience!

Que se passe-t-il? Je veux voir la terre s'ouvrir! Où est donc ce *damné* raz-de-marée? *(Ignorant les éclats de rire.)* Ce sont *vos* propres mots! Vous continuez à regarder l'horizon et vous ne voyez... rien. Rien! *Rien!*

Vous recevez des lettres des vôtres: «J'arrive de faire des emplettes. Pris un merveilleux lunch. Maman va très bien. Les enfants ont d'excellentes notes en classe. Je viens d'acheter une nouvelle voiture. Tu devrais voir cette merveille! J'aimerais que tu sois là!»

Tout à coup, l'économie remonte, le chômage diminue, la bourse se porte merveilleusement! Il y a des rumeurs de guerre à l'Est. (Et c'est le signe certain que rien n'a changé!) Votre pays essaie toujours d'envoyer des fusées dans l'infini mais elles continuent d'exploser en chemin, ce qui est humiliant pour vous, car le Pays de l'Ours a déjà réussi trois splendides missions!

Donc, vous avez quitté le cocon douillet de la vie citadine pour la vie rude de la terre. Vous cueillez des carottes, les lavez et les posez brusquement sur le comptoir. Vous vous emparez d'un couteau de boucher et vous les mettez en pièces! Vous regardez votre jardin s'épanouir et vous le *détestez* presque.

Toute votre fortune fut engloutie dans ces préparations. Qu'est-ce qu'il avait dit au juste? «Investir dans le futur du blé» Balivernes!

Vous saisissez l'idée derrière cette histoire?

L'auditoire: Oui.

Ramtha: Maintenant, j'aimerais savoir combien d'entre vous — en levant votre merveilleuse main droite — regretteraient leurs préparatifs si rien ne se passait jamais? *(Voyant seulement quelques mains timidement levées.)* Allons donc! *(Il lève un peu le bras.)*

Ne faites pas comme ça! Levez-les vers le ciel! On sait ou on ne sait pas! On regrette ou on ne regrette pas! *(Des mains se lèvent un peu plus haut.)* Plus haut! *(Les premiers lèvent franchement le bras tandis que d'autres personnes se joignent à eux.)*

Maîtres, si telle est votre connaissance, en dépit de tout ce que l'avenir apportera, je vous suggère de... ne *rien* faire.

Peu importe ce qui apparaîtra à l'horizon, si vous deviez regretter ce que vous avez fait, vous ne survivriez pas de toute façon. Vous ne seriez pas à même de penser, de raisonner, parce que vous seriez encore enfermés dans la peine et le regret. Est-ce que vous saisissez bien la signification de ce que je vous dis?

L'auditoire: Oui.

Ramtha: Sachez par vous-même, n'ayez aucun doute. Ne le faites pas parce que *je* vous le dis! Quelle que soit votre décision, elle doit être celle de vos émotions et de votre connaissance. Avec une telle décision, vous allez de l'avant en toute confiance. Préparez-vous parce que *vous* le voulez et prenez la pleine responsabilité de vos actes.

Comprenez bien ceci: Au fur et à mesure qu'un dieu s'éveille, son esprit commence à opérer au-delà du tiers et ce qu'il pense a mille fois plus de pouvoir de se manifester qu'auparavant. Donc, si vous vous mettez à hésiter en chemin, à discuter, à blâmer les autres de votre propre situation, sachez que vos blâmes et vos regrets se manifesteront et se retourneront contre vous mille fois. Le mal demeurera en *vous*. C'est là que tout se manifeste. Le mal vous frappera avec une furie que vous n'aviez pas imaginée, vos mots se retourneront contre vous à une vitesse que vous n'aviez pas crue possible. Vous n'aurez jamais ressenti une émotion pareille, si brutale et si rapide. Est-ce bien compris?

L'auditoire: Oui.

Ramtha: Il est difficile de changer. Il vous sera difficile et pénible de quitter la conscience sociale si vous ne changez pas pleinement. Il faut savoir qu'à la fin, après tous les contretemps, vous serez payé en perles de sagesse. Si vous deviez regretter, ne faites rien; restez où vous êtes et suivez le courant. Jamais au grand jamais n'allez plus loin si c'est pour plus tard en rendre les autres responsables! Reconnaissez que vous suivez et honorez *votre* propre connaissance, vos propres émotions. Suis-je assez clair?

L'auditoire: Oui.

Ramtha: Vous êtes un Dieu s'éveillant à une décision. Un maître qui s'éveille assume la *pleine responsabilité* de ses actes à venir; il cultive et nourrit sans cesse l'esprit ouvert qui ne voit jamais ce qui est bien ou mal, seulement ce qui est.

Le pouvoir qui accompagne l'ouverture de l'esprit est de l'énergie pure; il est «Celui qui est». Il n'est jamais ni bon ni mauvais ni parfait ni imparfait; il est pouvoir. Par ce pouvoir, vous traversez l'esprit étroit de la conscience sociale jusqu'à l'ouverture d'esprit qui affirme le christ glorifié et épuré, le christ éveillé.

Rien n'accélère plus la consécration d'un maître que la survivance, parce qu'il doit alors faire appel à sa force intérieure afin de s'en sortir, et d'en aider d'autres dans le besoin. Avoir les mains tachées de sang, respirer la puanteur des corps en décomposition, des blessures ouvertes, de la dévastation; ces choses appellent puissamment le courage, l'humilité et l'amour. Rien ne mûrit une entité plus rapidement que le besoin de survivre par ses propres mérites. Soudain couleur, foi, différences politiques, religieuses et sociales se dissolvent. Soudain il y a deux frères, égaux.

Vous êtes tous des dieux plongés dans le rêve de la conscience sociale n'osant pas être différents des autres. Dans la survivance, sa connaissance, son courage et son instinct de conservation sont les outils avec lesquels une entité façonne son caractère divin et unique dans la masse de la chair humaine.

Seulement d'envisager les futurs probables demande beaucoup de courage, car cela implique déjà une réaction. Et pour réagir il faut changer; et pour changer, il faut aller chercher en soi la force et la connaissance qui permettent d'aller plus loin. Vous devez prendre la pleine responsabilité d'envisager, de réagir et de changer. Ne gagnez pas le milieu de la rivière pour ensuite blâmer quelqu'un de vous avoir mouillé. Sachez que *vous* êtes celui qui a pris la décision d'avancer vers l'Éternité.

Être Dieu, c'est décréter son droit inaliénable d'aller de l'avant. La volonté de devenir est appelée *vouloir*, désir. Et de l'autre côté du vouloir réside l'utopie appelée Supraconscience, une collectivité dont l'ordre social sera drastiquement différent du présent. Ce sera une société sans frontières, sans démarcations, où la compréhension et la connaissance, dans des proportions magiques, fleuriront dans des esprits préparés à cette fin. Il faut une entité très forte et très humble pour ignorer la conscience sociale et se diriger vers la Supraconscience — pour aller vers demain sans regretter hier. Vous saisissez?

L'auditoire: Oui.

Ramtha: Si vous avez levé la main tout à l'heure, je vous propose la sagesse de ne *rien* faire. Sinon, vous seriez encore plus malheureux et confus que vous ne l'êtes à présent. Quant aux autres, si cette vérité fait vibrer votre âme, vous inspire et si vous acceptez de jouer votre rôle dans la grande éclipse de la Nature, je dis d'aller de l'avant. Mais ne perdez jamais de vue que vous le faites parce que vous le *voulez*. Demandez-vous: «Qu'arriverait-il si la Nature nous faisait grâce, si les éléments ne se convulsaient pas? Comment me sentirais-je alors? Est-ce que je serais déçu, amer, triste? Est-ce que je serais désolé, dépité? Est-ce que je retournerais dans l'épais brouillard d'hommes d'où je viens?» Ressentez ces émotions et reconnaissez votre vérité intérieure. Ressentez, ressentez, *ressentez* jusqu'à ce que vous ayez purgé votre être de ces choses. Polissez votre connaissance jusqu'à ce qu'elle soit comme une épée étincelante et tranchante.

Cherchez à comprendre intimement ce que je vous ai enseigné — allez de la vérité à l'erreur, allez jusqu'à la compréhension appelée Éternité, allez jusqu'au centre de vous-même appelé «Celui qui est». Quand vous pourrez regarder le futur depuis le siège de vos émotions, vous saurez exactement ce qu'il faut faire. Vous ne considérerez pas le futur comme bon ou mauvais, mais comme la continuité d'une aventure. Vous n'hésiterez pas et vous ne douterez pas, car cela arrêterait votre progrès. Vous serez au centre de la *connaissance* et vous ne regretterez jamais votre démarche.

Si vous ne pouvez aller jusqu'au point central, réfléchissez et demandez-vous : «Pourquoi ne suis-je pas en paix? Pourquoi me suis-je permis d'être confus?» Ensuite, laissez la réponse venir de l'intérieur et vous dire *pourquoi* vous ne bougez pas, pourquoi vous n'agissez pas. Demandez-vous ensuite si cette raison pourquoi vous ne bougez pas est justifiée. Si elle l'est, restez où vous êtes. Soyez sincère envers vous-même et ne faites rien! Car votre vérité est ce avec quoi vous êtes confortable — ce avec quoi vous pouvez vivre.

J'ai dit — et c'est une grande vérité — qu'il n'y avait qu'une poignée d'entités qui avaient le désir et le courage d'aller de l'avant. La majorité d'entre vous sont trop vains pour la découverte.

Il est important pour vous de savoir que vous n'êtes pas *supposés* faire quoi que ce soit. Quoi que vous fassiez, vous êtes aimés et protégés par Dieu et par la Vie, vous êtes importants, vous faites partie de «Celui qui est», vous êtes frères dans la Source de Vie. Même perdus dans le rêve, vous êtes aimés. Quelles que soient vos décisions, n'en ayez pas honte. Conservez-les. Soyez conscients que ce sont les vôtres. Rien de ce que vous ferez ne vous fera perdre la faveur de Dieu. Vous serez toujours la prunelle de ses yeux. Si l'Humanité avait à répondre de ses actes, elle n'existerait plus depuis des milliers d'années. Mais les entités de masses cellulaires appelées humanoïdes ont miraculeusement survécu.

Bien des fois dans l'histoire de votre évolution, une intervention divine sauva l'humanité de sa propre ignorance, de sa stupidité et de sa fausse spiritualité. En quoi êtes-vous dignes d'être sauvés? Pourquoi, — si son esprit, son âme et son ego tournent dans un cycle éternel autour de ses rêves et de ses réalités — pourquoi l'Homme, espèce de chair et de sang, vaut-il la peine d'être sauvé? Parce que sa chair et son sang sont aussi le Dieu miraculeux appelé Vie et *sa* destinée naturelle est de vivre à jamais. Saviez-vous cela? Chacune de vos cellules possède l'intelligence divine. Chacune de vos cellules a une âme, parce que sans âme qui soutient tout le schéma physiologique, votre corps ne pourrait jamais se régénérer.

Vous vous êtes donné cet instrument de chair et de sang afin que vous puissiez participer à l'aventure de cette dimension. Mais vous, dieu qui régnez sur le trône de votre corps, n'avez cessé d'entraver son évolution naturelle, sa destinée éternelle. Vous avez *choisi* d'être humains, mais vous avez oublié l'importance de cette vie. Vous avez choisi de vous fondre dans la pensée coagulée appelée chair et sang. Le dieu spectaculaire que vous êtes a choisi le chemin de la réalisation le plus difficile : l'aventure de la matière. Vous avez choisi cette aventure, mais vous êtes emprisonnés dans le rêve du réel et de l'*ir*réel, car l'aventure vous permet de vous limiter dans une sphère de plus en plus petite de décadence et d'effondrement intérieur. *(Portant un toast.)* Aux réalités !

L'auditoire : Aux réalités !

Ramtha : Vous avez pris la route que les anges même craignent d'emprunter. Savez-vous ce que sont les anges ? Ils sont de l'énergie pure, sans l'expérience de l'aventure qui conduit à la sagesse et à la compréhension appelée Éternité. Ce que les anges « craignent » de cette route, de cette aventure dans la matière, c'est la très distincte possibilité pour un dieu de limiter son esprit à une sphère si restreinte qu'il en vienne à disparaître dans le vortex de la pensée sans issue, dans les limbes.

Le corps est, en effet, « poussière qui retournera à la poussière » ; mais il peut être facilement ressuscité, encore et encore. Ce qu'il est difficile de ressusciter, c'est une entité vouée à sa propre destruction. Si Dieu pouvait jamais se battre avec Lui-même, dans un duel à l'épée, il l'a très certainement fait ici, dans l'agitation et le marasme de l'Humanité.

Même l'assaut de milliards de soleils ne pourrait ouvrir un esprit déterminé à rester fermé. La connaissance est le mouvement intérieur qui vous permet de vous éveiller et d'entrer dans l'éternité. Mais l'éternité commence à l'intérieur. En *voulant* et en *permettant*, vous déterminez de façon absolue ce que vous savez ou ne savez pas.

Dans cette compréhension tridimensionnelle, la Nature est la seule réalité. Mais l'Humanité a perdu cette compréhension parce qu'elle a vécu dans le rêve, depuis des siècles d'illusions.

Ce qui est *réel* est ce sur quoi vous posez le pied, ce que vous respirez, la saison des fruits, de l'abondance et du doux sommeil. *Ça*, c'est la réalité. Elle est pure et simple, et elle vivra à jamais, avec ou sans vous.

Celui qui s'éveille suit la Nature dans un mouvement harmonieux comme une symphonie. Et il vous faut très peu, si peu pour comprendre... Ceux qui furent aux prises avec la survivance et en sortirent enrichis sont vraiment Dieu, magnifiés par la totalité de la vie. Ils ont vaincu tous les obstacles d'un rêve si profond qu'en s'éveillant ils ne savaient pas mesurer le trésor de compréhension qui les attendait. Dans cette compréhension, il n'existe plus ni larme ni peine ni réprimande ni punition ni souffrance. Il ne reste que la Vie la plus extraordinaire. Alors, la totalité de l'Éternité change : toute la Vie est enrichie parce qu'une autre parcelle de Dieu s'est incorporée à la masse et s'est élevée jusqu'à la joie, dans un épanouissement total.

J'aime ce que vous êtes. Je respecte vos opinions et je vous aime à cause d'elles. Mais je veux que vous sachiez qu'il y a une raison à votre présence ici : vous avez choisi de venir y parfaire votre compréhension de Dieu, car un christ ne peut naître que dans la chair et le sang. Peut-être maintenant réfléchirez-vous à l'importance de cette Vie, de cette aventure divine dans la matière, dans l'Humanité.

Vous êtes tous divins. Depuis toujours, vous pensez que vous habitez le plan le plus vil, le plus obscur, «l'arrière-boutique de l'Éternité». Vous avez cru que tout ce qu'il y avait sur le plan éthéré était meilleur. Bien sûr, l'opposé est vrai. Quand vous vous éveillerez, vous saurez cela.

Ce que je vous ai enseigné est peut-être difficile à comprendre. Mais si cela avait dépassé ce à quoi vous pouvez aspirer, je n'en aurais jamais parlé. Jamais. Vous êtes une espèce qui arrive à sa maturité. Vous approchez un âge où vous serez plus mobiles, plus équilibrés, plus alignés, — et vous arriverez au zénith de votre compréhension.

Si vous avez besoin de directives, parlez au nom du seigneur-dieu de votre être et demandez aux réponses de venir. Vous ressentirez la connaissance vous envelopper avec une grande émotion. C'est l'unique façon de connaître les réponses qui vous permettront d'avancer et de grandir.

Maintenant, il est temps de partir et de réfléchir à cette connaissance dans laquelle je vous ai engagés. Contemplez votre petit corps qui abrite un grand dieu et songez à la raison pour laquelle les deux tiers de votre cerveau sont endormis. Mangez et buvez bien. Si vous n'avez jamais savouré votre nourriture avant, savourez-la! Si vous n'avez jamais ressenti la magie du vin dans votre gosier, éprouvez-la. Ensuite allez et pensez; soyez, tout simplement. Je serai avec vous tous, car je serai le vent dans votre dos. Je vous aime. Qu'il en soit ainsi.

TABLE DES MATIÈRES

Introduction par J.Z. Knight   11

Samedi, 17 mai 1986 — Session du matin   21

Samedi, 17 mai 1986 — Session de l'après-midi   51

Samedi, 17 mai 1986 — Session du soir   71

Dimanche, 18 mai 1986 — Session du matin   81

Dimanche, 18 mai 1986 — Session de l'après-midi   107

Appendice:

   Avez-vous révisé vos prédictions?   109

   Dites-moi quand, dites-moi où   113

   Dois-je déménager au risque de briser ma famille? 119

   Comment pourrais-je vendre ma maison...
à un pauvre type?   123

   Il y a de la terre partout   125

   Vous avez répondu à votre propre question   127

   Le rêve illusoire   131

   Des chances en or   135

   Ce sont vos frères   137

   La peste noire   143

   À l'horizon   149

Ce livre est imprimé sur
du papier contenant plus
de 50% de papier recyclé
dont 10% de fibres recyclées.

Achevé   Imprimerie
d'imprimer Gagné Ltée
au Canada Louiseville